Inhalt

Zur Einführung
152 *Heiko Wulfert:* Transparenz

Essays
154 *Christoph Petau:* Wir haben Gottes Spuren festgestellt …
158 *Reto Müller:* Josua Boesch
174 *Sabine Beyreuther:* Predigt am Sonntag Judika
179 *Samuel Jakob:* Josua Boesch's Friedensikone – ihre Bedeutung für unsere Zeit
186 *Dietlind Schaale:* Heilender Einbruch – Verwandlung zur Freude
191 *Ulrich Koring:* Sprechende Ikonen
205 *Walter Wickihalder:* Wenn ich mich erinnere an Josua Boesch
208 *Karl Flückiger:* Josua wirkt weiter – darum ein Verein Josua Boesch
214 *Manuel Zahn:* Der Gottesdienst: ein Gesamtkunstwerk

Rezensionen
226 Schwerhoff, Gerd: Der Bauernkrieg. Eine wilde Handlung (Josef Natrup)
228 Trummer, Peter: Mit Jesus am Puls der Zeit. Ermutigung zum Christsein (Christoph Petau)
230 Grün, Anselm, u. Christiane Sartorius: Dem Himmel zur Ehre – den Menschen zum Zeichen. Menschliches Reifen im Ordensleben (Christian Schmidt)
232 Marx, Reinhard: Kult. Warum die Zukunft des Christentums uns alle betrifft (Heiko Wulfert)
234 Kasper, Walter: Der Wahrheit auf der Spur. Mein Weg in Kirche und Theologie (Heiko Wulfert)

237 Adressen

Transparenz

von Heiko Wulfert

Foto: Archiv Wulfert

In alter Zeit wurde Gott, der keinen Körper und keine Gestalt besitzt, bildlich überhaupt nicht dargestellt. Jetzt aber, da Gott im Fleisch sichtbar wurde und mit den Menschen umging, kann ich das an Gott sichtbare Bild darstellen. Ich bete nicht die Materie an, sondern ich bete den Schöpfer der Materie an, der um meinetwillen selbst Materie wurde [...] Und ich werde nicht aufhören die Materie zu verehren, durch die meine Rettung bewirkt ist...

Johannes von Damaskus (PG XCIV, 1245)

Der byzantinische Bilderstreit im 8. und 9. Jahrhundert findet eine Lösung in der Christologie: Der unsichtbare Gott ist durch seine Inkarnation in Christus sichtbar geworden. Er ist das Bild des unsichtbaren Gottes (Kol. 1,15). Was aber sichtbar geworden ist, kann auch dargestellt werden. Das Bild des Heiligen gilt als ein Fenster zur Ewigkeit. Vor dem Goldgrund der Ikone sieht der Dargestellte den Betrachter an, die Ikone erscheint so als ein Medium. Nicht die Ikone wird verehrt, sondern der Dargestellte.

Damit verbindet sich der Gedanke, dass der Gläubige selbst zu einer Ikone Christi werden solle (vgl. 2. Kor. 4,6). Christi Liebe und Barmherzigkeit, Versöhnung und Frieden sollen in Wort und Werk des Christen offenbar werden, eine Transparenz zur Transzendenz.

Darüber hinaus ist es gerade der Weg der Mystik, im gesamten Werk der Schöpfung und auf den Wegen des Lebens das durchscheinen göttlichen Lichtes im Widerschein der vergänglichen Wesen und Dinge zu erkennen.

Das Quatember-Heft unter dem Thema »Transzendenz« widmet sich vor allem Person und Werk des Theologen und Goldschmieds Josua Boesch (1922–2012). Während Christoph Petau sich der Beziehung von Transzendenz und Transparenz mit einem besonderen Bezug zum Nicaenum beschäftigt, führt Reto Müller direkt zum Thema Boesch. Sein Vortrag eröffnete eine Boesch-Ausstellung im Berneuchener Haus Kloster Kirchberg. Die Predigt von Sabine Beyreuther zum Sonntag Judica steht ebenfalls zu dieser Ausstellung in direktem Bezug. Samuel Jakob widmet sich Boeschs Friedensikone. Eine weitere Ikone, den Heilenden Einbruch, betrachtet Dietlind Schaale. Ulrich Koring beschreibt die

Beziehung von Wort und Bild in den sprechenden Ikonen. Walter Wickihalder stellt seine persönliche Begegnung mit Josua Boesch und deren Nachwirkung dar. Karl Flückiger beschreibt Entstehung und Wirken des Josua-Boesch-Vereins.

In einem letzten Aufsatz widmet sich Manuel Zahn dem Gottesdienst als einem Gesamtkunstwerk, in das viele einzelne Künste einfließen.

Heiko Wulfert

Wir haben Gottes Spuren festgestellt …

von Christoph Petau

Ich greife das Thema »Nicaea« von Quatember 2/25 auf und lasse es unter dem Stichwort »Transzendenz« nachklingen.

Gern greife ich auf ein Lied in meinem Gesangbuch zurück:
Wir haben Gottes Spuren festgestellt auf unsern Menschenstraßen, Liebe und Wärme in der kalten Welt, Hoffnung, die wir fast vergaßen.

R: Zeichen und Wunder sahen wir geschehn in längst vergangnen Tagen. Gott wird auch unsre Wege mit uns gehn, uns durch das Leben tragen.

T: Michel Scouarnec (Frankreich) 1973 (»Nous avons vu les pas de notre Dieu«)
Dt: Diethard Zils 1978
(z. B. in: Gesangbuch der EMK, 382)

Dieses Lied drückt aus, dass es in unserer Welt eine Größe gibt, die das Sichtbare, die das Greifbare übersteigt. Damit sind wir im Thema dieser Ausgabe des Quatember: Transzendenz. Es ist fast wie die Besteigung eines hohen Berges. Mit jeder Überschreitung einer Höhenlinie oder einer Wendung des Weges tun sich neue Horizonte auf, die wir hier gar nicht erwartet hätten.

Was ist ein Sakrament? – Es ereignet sich, wenn das Immanente transparent für das Transzendente wird.

Was ist ein Sakrament? – Es ereignet sich, wenn das Immanente transparent für das Transzendente wird. Ich gehe dem Inhalt des Dreiklangs Immanenz, Transparenz, Transzendenz nach.

Von außen betrachtet erscheint ein Kirchenfenster in unscheinbaren Farben. Geht man in das Gebäude hinein und sieht das Glas lichtdurchströmt, erscheinen die Farbtöne, eine Botschaft wird sichtbar. Das Glas (= das Immanente) wird durchsichtig (= Transparenz) für das Größere (= Transzendenz).

Ich schätze das Farbenspiel der Blumen. Für sich mögen sie schon die Vielfalt der Schöpfung widerspiegeln. Sobald ich sie pflücke oder kaufe und dann auch noch verschenke, drücken sie etwas aus. Sie werden durchsichtig für Freundschaft, Wertschätzung oder gar Liebe.

Was wäre die Taufe, wenn sie nur ein einmaliges Ereignis wäre oder blieb? Die Taufe möchte ins Leben getragen werden. Im Wasser der Taufe sind wir nicht mit allen Wassern gewaschen (Lothar Zenetti), sondern offen für den Weg Gottes mit uns.

Was wäre das Abendmahl, wenn wir es nur am Sonntag empfangen und es uns nicht für den Alltag stärkt?

Manchmal hören wir bei einer Beerdigung die Worte: »Möge er/sie schauen, was er/sie geglaubt hat!« Damit wird Leben als sakramentale Existenz verstanden, die sich in einem Sprichwort ausdrückt: Selbst die kleinste Pfütze spiegelt den Himmel.

In der Bretagne begegnete mir ein keltisches Symbol in den unterschiedlichsten Formen: das sog. Triskell (bretonisch). Es ist ein Sinnbild für den Fluss der Zeit (Vergangenheit, Gegenwart, Zukunft), den Kreislauf des Lebens (Kindheit/Jugend, Erwachsensein und Alter/Reifung) und auch die Ausgeglichenheit von Körper, Geist und Seele. – Welches Symbol könnte besser für das Geheimnis der Trinität, der Dreifaltigkeit Gottes, stehen. Da ist es nicht notwendig die steinernen Zeugnisse der Megalithkultur in Form von Dolmen und Menhiren – wir sagen landläufig Hinkelsteine – als heidnisch abzutun und christlich umzudeuten oder gar umzuwerfen. Da zeigt sich die Erfahrung: Gott offenbart sich auf vielerlei Weise in vielerlei Kulturen. Hier greift das Axiom der Stiftung Weltethos: Es gibt keinen Weltfrieden ohne den Frieden unter den Religionen (Hans Küng).

In Quatember 2/25 steht das Glaubensbekenntnis als Einheitsformel der Christenheit dreisprachig und gleich in 4 Varianten: im griechischen Original selbstverständlich ohne »filioque«, in der lateinischen Fassung mit filioque in Klammer (Filioque) und im deutschen mit filioque (... Geist..., der aus dem Vater und dem Sohn hervorgeht).

Bei der Ökumenischen Versammlung in Basel 1989 war die Druckplatte für das Gottesdienstbuch der Schlussveranstaltung schon fertig und man strich die drei Worte »und dem Sohn« sichtbar im Text. Diese Fassung wurde in der Folge weder in evangelischen Liederbüchern noch im Gotteslob rezipiert (übernommen). Die Altkatholiken strichen die Formel bereits im Laufe des Dialoges mit den Orthodoxen Kirchen.

Sowohl die Formel »Filioque« (westliche Kirchen) als auch der Terminus »Perichorese« (orthodoxe Kirchen) drücken die Einheit der göttlichen Personen aus.

Gleichwohl steht diese Formel nicht mehr trennend zwischen den Kirchen. Sowohl die Formel »Filioque« (westliche Kirchen) als auch der Terminus »Perichorese« (orthodoxe Kirchen) drücken die Einheit der göttlichen Personen aus. Perichorese meint die wechselseitige Durchdringung der drei göttlichen Personen. Aus der Kirchengeschichte und der Ökumene ist zu lernen: Auch eine unterschiedliche Sprech- und Ausdrucksweise kann gleiches bedeuten.

»Filioque« ist jenes »und«, das Frank Lilie in seinem Essay beschreibt, ohne ausdrücklich auf die Formel *filioque* einzugehen.

Mit der Überschrift: und und und -oder? hatte ich dies erwartet. Ich begrüße sein Plädoyer für einen guten sprachlichen Umgang mit vertrauten Formeln.

Die deutsche Fassung des Glaubensbekenntnisses übersetzt das »catholicam« mit »christliche Kirche«. So sind wir es aus unserer kirchlichen Praxis gewohnt. Wenn römisch-katholische Christen und Christinnen diese Formel nicht übersetzen, lehnen sie damit den Anspruch ihrer Kirche Universalkirche (= Weltkirche) zu sein ab. Im Übrigen greift die Übersetzung »christliche Kirche« zu kurz. Katholisch meint »allumfassend, allgemein«. An dieser Stelle hören wir dann nahezu gewohnheitsmäßig eine Vielsprachigkeit heraus.

Die altorientalischen Kirchen (Kopten und Armenier) waren an der Teilnahme der Nizäischen Folgekonzilien gehindert und wurden lange als Monophysiten (eine Natur) beschrieben. Auch hier gilt im ökumenischen Dialog inzwischen ein einheitliches Bekenntnis (bzw. eine inhaltliche Rezeption) zum Mensch- und Gottsein Jesu. Glaubensformeln erhalten ihre Gültigkeit nicht allein durch das geschriebene Wort, die Teilnahme an einem Konzil oder durch eine Lehrautorität, sondern auch durch das lebendige Glaubensgefühl des Volkes (*Sensus fidei*) und einen geschichtlichen Prozess (Rezeption).

Einigendes Band der Kirche(n) ist die Taufe.

Einigendes Band der Kirche(n) ist die Taufe. Das Bekenntnis nennt vier Merkmale der Kirche: Einig, heilig, katholisch und apostolisch: Ich habe mit einem Lied begonnen und ende damit.

Im Lied »Sonne der Gerechtigkeit« (z. B. GL 481) heißt die Strophe 3 (geschrieben von J.C. Nehring 1704):

Schaue die Zertrennung an, der sonst niemand wehren kann; sammle, großer Menschenhirt, alles, was sich hat verirrt. Erbarm dich, Herr.

Aber auch das Kirchenbild verändert sich im Lauf der Zeit. Ein Lied aus Schweden (1972/1974 – deutsch 1976) zeichnet ein anderes Kirchenverständnis. Da heißt es: Strahlen brechen viele aus einem Licht ... Zweige wachsen viele aus einem Stamm ... Gaben gibt es viele, Liebe vereint ... Dienste leben viele aus einem Geist ... Glieder sind es viele, doch nur ein Leib. Wir sind Glieder Christi. Glieder sind es viele, doch nur ein Leib und wir sind eins durch ihn.

(ZB: GL, Ausgabe Österreich 923) Beide Lieder gehören zum ökumenischen Liedgut (ö).

Christoph Petau ist Pfleger und Pfarrer im Nebenamt der methodistischen Kirche.

Foto: Rolf Gerlach

Josua Boesch

Vortrag zur Eröffnungstagung der Josua-Boesch-Ausstellung im Berneuchener Haus Kloster Kirchberg 11.–23. April 2025

von Reto Müller

Josua Boesch hat einen langen Weg zurückgelegt: vom Goldschmied über den reformierten Pfarrer der Zürcher Zwingli-Kirche zum Eremiten in Camaldoli, einem 1000-jährigen Kloster in der Toscana.

Gesäumt und geprägt wurde dieser Weg von vielen Begegnungen; vier will ich nennen:

1. Roger Schutz und Taizé

Schon in den ersten Jahren seines Pfarrerdaseins besuchte Josua die reformierte, dann ökumenische Bruderschaft im Burgund, angezogen vom Modell eines christlichen Gemeinschaftslebens, das Gebet und Arbeit ins Gleichgewicht setzte und völlig unabhängig, ohne Spenden und Erbschaften, seine Existenz bewältigte, wo eine grosse Einfachheit des Lebensstils herrschte, nicht kärglich, sondern schön, gerade weil alles aufs Wesentliche reduziert war.

[...] angezogen vom Modell eines christlichen Gemeinschaftslebens, das Gebet und Arbeit ins Gleichgewicht setzte [...]

Die Liturgie mit Elementen aus der calvinistischen, lutherischen und anglikanischen Tradition ließ ihn eine Kirche erfahren, die sich nicht allein im Wort ausdrückte (wie seine Herkunftskirche), sondern auch durch Symbole, sakramentale Zeichen, nicht nur rational, sondern auch emotional und spirituell.

Der Beitrag der Orthodoxie ist noch anzufügen: die Ikonen in Taizé, von der, wo Christus seinen Arm um die Schulter eines Jüngers (Menas) legt bis zum gemalten Tafelkreuz von Frère Eric, angelehnt an jenes von San Damiano in Assisi.

Das Buch »L'art del'icône« (Die Kunst der Ikone) von Paul Evdokimov stand von da an immer unter Josuas Büchern, auch nachdem er seine Bibliothek mehrmals verkleinert hatte.

Und er entdeckte in Taizé einen neuen theologischen und pastoralen Schwerpunkt: Barmherzigkeit, nicht Rechtgläubigkeit. Oder: Barmherzigkeit statt Rechtgläubigkeit.

Eine Befreiung; die Verlagerung der Liebe von der geschuldeten Liebe des Menschen gegenüber Gott zur zuvorkommenden Liebe Gottes für den Menschen. Wahrscheinlich wurde ihm das zuerst zur Erfahrung durch die ungeteilte Aufmerksamkeit seines geistlichen Begleiters Frère Pierre-Yves und durch die charismatische Ausstrahlung voller Güte und Hoffnung von Frère Roger.

1974, zur Eröffnung des Konzils der Jugend, wurde ein Programm formuliert, das mit seiner Hoffnung Josua, mich und viele andere Menschen bewegt hat und bis heute begleitet:

»Der auferstandene Christus kommt, um im Innersten des Menschen ein Fest lebendig werden zu lassen. Er bereitet uns einen Frühling der Kirche, einer Kirche, die über keine Machtmittel mehr verfügt, bereit, mit allen zu teilen, ein Ort sichtbarer Gemeinschaft für die ganze Menschheit.

Er wird uns genügend Phantasie und Mut dazu geben, einen Weg der Versöhnung zu bahnen.

Er wird uns bereit machen, unser Leben hinzugeben, damit der Mensch nicht mehr Opfer des Menschen sei.«

»Der auferstandene Christus kommt, um im Innersten des Menschen ein Fest lebendig werden zu lassen. […]«.

Allmählich entdeckte Josua die Möglichkeit eines zölibatären, ehelosen, monastischen Lebens, auch dies verstanden als Reduktion auf das Wesentliche, Eigentliche – und als Antwort auf die überfließende und alles in Anspruch nehmende ewige Liebe.

2. Franziskus und Assisi

Mit Konfirmanden und Jugendlichen verbrachte Josua Einkehrwochen in Umbrien. Interessant, dass sich die Landschaften um Taizé und Assisi so ähnlich sind, die Erde und die Steine beigegolden leuchten (wie auch in Jerusalem). Josua hat später nur braune und beige Hosen und Pullover, Jacken und Mäntel, Schals und Schuhe getragen und mit braunem Stift geschrieben.

Etwas außerhalb der Stadtmauern von Assisi liegt die Kapelle San Damiano, wo Franziskus auf der Suche nach seinem Weg die Stimme vom Kreuz herab hörte, er solle doch »seine Kirche wieder aufbauen«. Franziskus reparierte die Ruine; im Rückblick dürfen wir darin den Anfang einer viel umfassenderen Renovation der weltweiten Kirche und Wiederbelebung des Glaubens in den Seelen der Menschen sehen. Weil das bemalte Tafelkreuz in San Damiano nicht einen hängenden, sondern einen stehenden Christus mit offenen Augen zeigt, die Arme ausgebreitet zur Umarmung der Welt, entstand die (fast häretische) Legende, Christus habe die Augen geöffnet, als und weil Franziskus den Aufbau der Kapelle in Angriff genommen habe: Franziskus habe also Christus zum Leben erweckt: für seine Zeit und für immer. Niemand hat

seit Jesus in der Geschichte des Christentums eine so umfassende und tiefgehende Bewegung und Erneuerung ausgelöst wie Franz von Assisi.

Josua war von diesem Kreuz überwältigt, wo sich endlich mal kein Toter zur Verehrung anbot, sondern ein Lebender. »Wir beten doch nicht einen Leichnam an!«, rief er einmal aufgebracht.

Zurück in der Heimat besuchte er oft franziskanische Orte, regelmässig das neue Bildungshaus Mattli in Morschach über dem Vierwaldstättersee. Der Leiter Pater Leopold, ein Kapuziner, sagte mal zu Josua, er sei doch Goldschmied gewesen: ob er nicht das Kreuz über dem Altar der Kapelle gestalten wolle.

Es war klar für Josua, dass es das Kreuz von San Damiano mit seinem besonderen Umriss sein sollte. Wie aber den Auferstandenen darstellen? Josua sägte ihn aus dem Messingkreuz aus, das Kreuz wurde durchsichtig, Christus war schon Pneuma, verklärt; man sah ihn noch am Kreuz und doch nicht mehr, ähnlich wie die Evangelien berichten, die Jünger hätten ihn nicht erkannt, er sei durch verschlossene Türen zu ihnen gekommen, andererseits habe er mit ihnen gegessen; Thomas habe sogar seine Wunden berühren dürfen. Diese mehrdeutigen, schillernden Beschreibungen übersetzte Josua ins Kreuz im Mattli. Und es wurde nicht an die Wand genagelt, sondern an durchsichtigem Silchfaden mitten in der Kapelle über dem Altar aufgehängt, schwebend, so dass das ganze Kreuz auferstanden war.

Die Wundmale blieben auf dem Kreuz angedeutet. Mit Gold. Dort, wo wir verwundet werden, fixiert und festgenagelt, verletzt und durchbohrt, dort erfahren wir Gott am tiefsten, sagte Josua.

Der Kreuzweg wandelt sich zum Auferstehungsweg.

Der Kreuzweg wandelt sich zum Auferstehungsweg.

Bei Richard Rohr, dem amerikanischen Franziskaner, habe ich folgenden Satz gefunden: »Der Ort der Wunde ist der Ort des größten Geschenks. Unsere Wunden haben die Chance, zu heiligen Wunden zu werden.«

Und Richard Rohr fährt weiter: »Von daher überrascht es nicht, dass ein Mann mit schweren Wunden das zentrale transformative Symbol der Christenheit wurde.«

Der leidende Gott, der gekreuzigte Gott: Nach Auschwitz haben zeitgenössische Theologen diese Gedanken ausformuliert.

»Gott wird in seiner Abwesenheit wahrgenommen», hieß schon eine jüdische Weisheit.

Vielleicht ist auch der Satz aus einem Song des jüdischen Sängers Leonard Cohen bekannt: »There is a crack in everything; that's how the light gets in.« Es gibt in allem einen Riss; genau dort bricht das Licht ein.

In der lateinamerikanischen Befreiungstheologie fand Josua eine Aktualisierung dieser Leidens- und Auferstehungstheologie, besonders in der Gestalt von Dom Helder Camara, dem brasilianischen Bischof, der sich sozial engagierte und in der Sakristei wohnte, statt im Bischofspalast.

»Verkündet allzeit das Evangelium. Wenn nötig, verwendet Worte«, soll Franziskus gesagt haben.

Wie Franziskus konnte man auch Josua als »Bruder Immerfroh« sehen, weil er immer von Ideen und Begeisterung übersprudelte. Doch wie Franziskus als erster Mensch der Kirchengeschichte die Stigmata, die Wundmale an seinem Körper empfing, so wurde auch Josua erschüttert, bis jeweils unter Geburtswehen und Tränen eine Ikone entstand. Als er den Auferstandenen aus dem Kreuz sägte, sei er selber, bekannte Josua, durch das Kreuz hindurch gefallen. Die Fröhlichkeit war nicht ohne Schmerzen zu erringen. Doch tatsächlich breitete der Gekreuzigte die Arme aus, um alle einzubeziehen: der alles Umfassende, wie Josua die alte Bezeichnung »der Allmächtige« wiedergab. Und wie Dorothee Sölle schrieb: »Am Ende all unserer Fragen und unseres Suchens gibt es wohl keine Antwort, aber eine Umarmung.«

In Assisi entdeckte Josua eine neugegründete kontemplative Schwesterngemeinschaft in Collepino, und später über sie Camaldoli, wo er ja dann die entscheidenden Jahre für sein Schaffen und seine Spiritualität verbrachte.

Ursprünglich wollte Josua aus den Erfahrungen in Taizé und Assisi eine neue Lebensform in einem ehemaligen Kloster im Nachbarort Kappel am Albis verwirklichen, das die reformierte Kirche in ein »Haus der Stille und Besinnung« umwandeln wollte. Er verlegte sein Goldschmiede-Atelier nach Kappel und hoffte, dort ein ganzheitliches Leben führen zu können, nicht predigen und belehren zu müssen, sondern beten und arbeiten zu dürfen, wie ein Mönch. Mir ist auch ganz gegenwärtig, wie Josua, wenn er eine Ikone zeigte, alle ermunterte zu sagen, was sie sähen; es kann nichts falsch sein, sagte er: »Was du in der Ikone siehst, ist wahr – für dich und darum auch für uns.«

»Was du in der Ikone siehst, ist wahr – für dich und darum auch für uns.«

Die für Kappel zuständigen kirchlichen Behörden trauten Josua schließlich nicht zu, einen Betrieb mit vielen Angestellten zu managen und Kurse zu organisieren, die das Haus profitabel machen würden. Josua trug die Enttäuschung über diese Ablehnung ein Leben lang mit sich, obschon sich ja auch darin bewahrheitete, dass Sterben und Auferstehen zusammengehören, denn das Begraben der Pläne für Kappel ebnete ihm den Weg nach Camaldoli.

Vergebung und Feindesliebe schon im Alten Testament – und eine Vorabbildung des Kreuzes Jesu, das den Kreislauf der Gewalt, die Blutrache stoppen soll.

3. Friedrich Weinreb und das jüdische Bibelverständnis

Ein jüdischer Privatgelehrter in Zürich öffnete Josua über das historisch-kritische Verständnis hinaus eine tiefere Interpretationsmöglichkeit des Alten Testaments und der biblischen Offenbarung überhaupt. Er entdeckte die Harmonie und Stimmigkeit – nicht nur der Worte der Botschaft, sondern auch der Bilder und Symbole.

Weinreb zeigte auf, dass es im Hebräischen ja nur **ein** Zeichensystem für Buchstaben und Zahlen gibt, da, wo andere Sprachen zwei verschiedene verwenden. Jedes Wort kann auch als Zahl gelesen werden und hat eine bestimmte Dimension und Bedeutung.

Die ersten zehn Zeichen (»Buchstaben«) entsprechen den Zahlenwerten 1 bis 10. Darauf geht es in Zehnerschritten bis 100, also 10, 20, 30 usw., und dann in vier Schritten bis 400, dem *tau*, dem letzten Buchstaben des hebräischen Alphabets.

Wenn jedes Wort auch eine Zahl ist, verbirgt sich in ihm eine noch tiefere Bedeutung. Josua haben die Zahlenwerte am stärksten interessiert. Ein paar Beispiele aus einem nie endenden Universum:

4 bedeutet die Welt: 4 Elemente (laut der allerfrühesten Wissenschaft: Erde, Feuer, Wasser und Luft), 4 Himmelsrichtungen, 4 als Grundform des Hauses, unseres irdischen Lebens und damit alle Begrenzung des Irdischen.

Multipliziert mit 10: Das Volk Israel hat 40 Jahre durch die Wüste wandern müssen, das heisst eine Lebenszeit; ungefähr so alt wurden die Menschen damals. Von denen, die ausgewandert sind, ist ja niemand im Gelobten Land angekommen, alle sind unterwegs gestorben, selbst Mose. 40 Jahre meint einfach ein irdisches Leben. Übersetzt: Die Wüstenzeit könnte für unser mathematisches, rationales Verständnis auch 37 oder 52 Jahre gedauert haben; doch biblisch sind es 40, weil die Bedeutung wichtiger ist als das Faktische, Tatsächliche.

100 × 4 = **400**, der Zahlenwert des letzten hebräischen Buchstaben **Tau**. Franz von Assisi verwendet das *tau* als Unterschrift und als Grundform seiner Kutte, als Zeichen seiner Identität und der von ihm ausgelösten Bewegung. Wollte Franziskus ausdrücken, dass er sein Leben voll und ganz, bis zum letzten Laut und gesprochenen Buchstaben, verbrauchen und dem Gekreuzigt-Auferstandenen hingeben wollte? 100 × 4, bis zum Ende der Welt? Oder dass er seine Botschaft bis an die Enden der Erde verkünden wollte?

Das *tau* wird auch gesehen als das Zeichen, das Gott dem Kain als Schutz gab, damit der Mord an seinem Bruder Abel nicht gerächt werde: Vergebung und Feindesliebe schon im Alten Testament – und eine Vorabbildung des Kreuzes Jesu, das den Kreislauf der Gewalt, die Blutrache stoppen soll.

Und wahrscheinlich ist das *tau* auch das Zeichen, mit dem in der Johannes-Offenbarung die Erlösten versehen werden: das Zeichen der Vollendung des Lebens, eines erfüllten Lebens in Hingabe und Selbstlosigkeit, im Dienen und Glauben.

4 ist die Welt. **5** ist der Messias: Denn es kommt zur Welt etwas hinzu. 5 heisst hebräisch »nun«, und der biblische Josua, Moses Nachfolger, der das Volk ins Gelobte Land führt, ist der »Sohn des Nun«. Darum hieß Don Benedetto, der Abt von Camaldoli, Josua mit den Worten willkommen: »Josua führt uns ins Gelobte Land.«

7 ist die innerweltliche Vollkommenheit, darum der 7-Tage-Rhythmus, der 7-armige Leuchter. **8** ist die Erlösung, der 7er-Rhythmus wird endlich aufgebrochen: zum 8., zum ewigen Tag. Josua hat dies in vielen Ikonen ausgedrückt.

6 ist das Unvollkommene, der Mensch, der Mangel an Gutem, das Böse. 3 x die 6, also 666, ist das Böse auf der Bühne des Ewigen, der Gegenspieler des absolut **Guten**, also **der** Böse.

Josua war darauf bedacht, dass die Masse, also Länge und Breite, des Tau-Kreuzes und aller anderen Ikonen, mit den verborgenen und ausdeutenden Zahlenwerten übereinstimmten. Viele Ikonen sind 26 cm breit oder hoch oder messen so viel in der Diagonale: 26 ist die Quersumme des Namens *Jahwe* und damit die Gegenwart des heiligsten Namens. Die Größe der Ikonen wie auch der in ihnen gestalteten Figuren entsprechen den Zahlenwerten, welche der Name der Ikone verbirgt. Vielleicht strahlen sie deshalb Harmonie und Authentizität aus.

4. Matthew Fox und die Schöpfungstheologie

Schon früh war Josua fasziniert vom »kosmischen Christus« von Teilhard de Chardin.

In dieser Linie hob vor etwa 50 Jahren der US-amerikanische Dominikaner Matthew Fox im Buch »Der grosse Segen« die Schöpfungstheologie ans Licht, die seiner Meinung nach der Intention der biblischen Botschaft vom Exodus zur Auferstehung besser entspricht als die bisher dominante Erlösungstheologie. Was ist gemeint?

Die Schöpfungserzählung in Genesis 1 beschließt jeden Schöpfungstag mit der Feststellung: »Gott sah, dass es gut war, und Gott segnete alles, was er geschaffen hatte.« Am Tag der Erschaffung des Menschen heißt es gar: »Gott sah, es war **sehr** gut.« Also ist der **Segen** das Ursprüngliche und Prägende; der Sündenfall geschieht erst später. Unsere Weltsicht und unser Gottesbild bauen auf dem **Ursegen** auf, nicht auf der Ursünde.

Matthew Fox zeichnet diesen Strang der theologischen Tradition nach, die Schöpfungsspiritualität, hauptsächlich von Frauen und Mystikerinnen vertreten.

Ich gab Josua das Buch, er las die ganze Nacht hindurch und sagte am anderen Morgen: »Das ist das Buch, auf das ich ein Leben lang gewartet habe.«

Unser Bemühen um ein gutes Leben ist Antwort *auf Gottes ewige Liebe,* nicht *seine Bedingung [...]*

Es ist eine Theologie, welche die Erlösungsbedürftigkeit des Menschen schon beantwortet sieht durch den großen Segen über der Schöpfung. Wir müssen uns die Barmherzigkeit, die Vergebung, die Erlösung nicht erkämpfen, denn »Gott hat uns zuerst geliebt« (1. Joh 4,19), Gott kommt unserer Liebe zuvor. Unser Bemühen um ein gutes Leben ist **Antwort** auf Gottes ewige Liebe, **nicht** seine Bedingung, nicht verzweifeltes Ringen um Gottes Anerkennung; die ist ja da seit Anbeginn. Die Schöpfung gibt den Segen Gottes weiter.

Die Erlösung aufgrund der Sühne und Wiedergutmachung durch Christus muss ersetzt werden von einer Erlösung als Vorleistung Gottes, schon in der Schöpfung inbegriffen, in seinem Willen zur Schöpfung enthalten, in der Geschichte Israels wiederholt bezeugt, nicht nur im Exodus, und in Christus erwiesen und vollbracht. Schöpfungstheologie statt Erlösungstheologie.

Diese Einflüsse sind hauptsächlich in Josuas **Ikonen** versteckt: umgewandelt und zu eigen gemacht.

Die **Kreuz**-Ikone mit dem ausgeschnittenen Auferstandenen:

Umfang viereckig, Symbol für die Welt. Darin die Gestalt des Erlösers, ein Dreieck mit der Basis im Himmel: Menschwerdung, Christus kommt aus der Ewigkeit in die Zeit. Wahrer Gott und wahrer Mensch. Oder ist es der Heilige Geist, die Taube, die die Erde besucht und erfüllt? Wohl beides, denn es ist ja theologisch dasselbe.

Ich sehe in der ausgeschnittenen Form auch einen Kelch, im Haupt Jesu eine Hostie. Die Gegenwart Gottes und des Erlösers Christus werden anschaulich und greifbar in der Eucharistie.

Viel später, in Camaldoli, schuf Josua ein zweites Kreuz, das **Tau**, das Franziskus als Zeichen seiner Berufung und seiner Gemeinschaft gewählt hatte, das Kainszeichen und Zeichen der Erlösten in der Johannes-Offenbarung, das vom kleinlichen Gedanken und Gefühl der Vergeltung und Rache befreien soll.

In diesem Kreuz steckt jedoch auch eine persönliche Erfahrung von Josua: Das Ordensgewand, die Kukulle, die ihm der Prior, der Vorsteher des Klosters, übergab, hatte die Form des »Tau«; der Mönch wird mit Christus überkleidet, von ihm eingehüllt – für Josua vermittelt durch Franz von Assisi.

In der Ausstellung hängt die Ikone »Ehre sei Gott in der Tiefe«, ein für Josua typischer Name. Es ist auf einer Keramikplatte die Menora, der siebenarmige Leuchter, dessen Flammen auf die Erde gefallen sind, »um allen zu leuchten, die in Finsternis sitzen und im Schatten des Todes« (Lk 1,78).

Also fallen die Flammen sogar in die Unterwelt, bis zu Adam und Eva, die in der orthodoxen Osterikone von Christus aus dem ewigen Tod gerettet werden. Dabei steht Christus auf den zerbrochenen Pforten der Hölle: Balken, die in Kreuzesform auf dem Boden liegen. Erlösung durch das Kreuz.

Also fallen die Flammen sogar in die Unterwelt, bis zu Adam und Eva, die in der orthodoxen Osterikone von Christus aus dem ewigen Tod gerettet werden.

Die Bezeichnung »Ikone« für Josuas Werke verwendete übrigens erstmals ein orthodoxer Mönch vom Berg Athos, als er sie sah. Josua hätte es nicht gewagt, diesen befrachteten, heiligen Ausdruck »Ikone« zu gebrauchen.

Der »Tänzer auf dem Rebholz«: Josua verwendete nicht nur Keramikproben von Katharina Schuppli, er machte Ikonen auf Steinen, auf einem Knochen, den ihm ein Hund vor die Füße legte und den er dann mit der Figur des Auferstandenen versah, mit Bezug auf die Knochen, die der Prophet Ezechiel wieder zu lebenden Wesen auferstehen sah.

Josua verwendete auch ein Rebholz, das er gefunden hatte, nachdem Bauern den Weinberg neben seinem Haus teilweise gerodet hatten. Er sah in allem das Geheimnis von Tod und Auferstehung.

Das **versteinerte Blatt«**, auferstanden im Stein, der hebräisch »äben« heißt, was aus »ab« = Vater und »ben« = Sohn zusammengesetzt ist. Das Blatt als Zeichen, dass Gottes Geist die Schöpfung erfüllt und ihr Leben ermöglicht, vervollständigt den Stein (Vater und Sohn), vervollständigt also die Trinität. Da wächst der Lebensbaum Christus mitten in der Welt.

Die Ikonen sind nicht gemalt; die Farben ergeben sich im Feuer der Verwandlung aus den Metallen Messing, Kupfer, Silber und Gold.

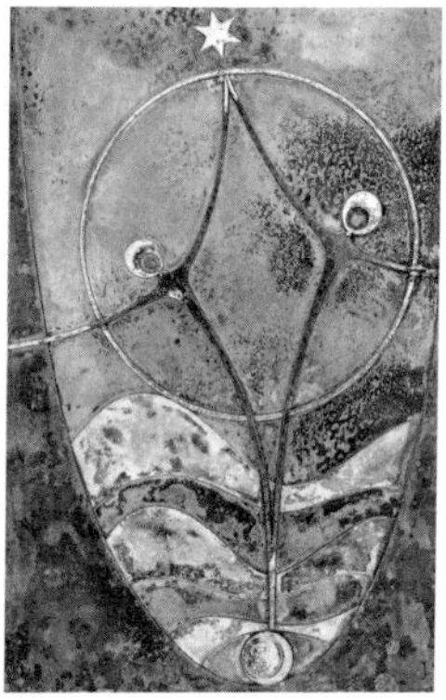

Die »Auferstehung des Judas«. In Vézelay, der romanischen Kirche in Frankreich, gibt es ein Säulenkapitell, das Jesus darstellt, wie er (seinen toten Freund) Judas schultert und aus der Hölle trägt. Der Jesuit Christoph Wrembek hat darüber ein Buch mit dem bewegenden Titel »Judas der Freund« geschrieben.

Josua hatte ein Triptychon, also drei Ikonen, zu Kain und Abel geschaffen, zur Versöhnung der beiden Brüder, und auf der alljährlichen ökumenischen Tagung auf dem Mendelpass in Norditalien gezeigt. Ein Teilnehmer sagte da zu ihm: »Jetzt erwarte ich von dir nur noch die Versöhnung von Jesus und Judas.« Darauf entstand diese Ikone.

Josua schrieb in einem Gebet im Tagebuch: »Mein auferstandener Judas; alles ist wieder heilig wie am Anfang.«

»Mein auferstandener Judas; alles ist wieder heilig wie am Anfang.«

Und in einer Reflexion: »Die grössten Gegensätze wollen sich einen in der Ikone: einen, nicht identifizieren. Dafür müssen wir hinausgehen über alles, was bisher war: 12 Stunden, 12 Monate, 12 Stämme Israels, 12 als abschliessende Zahl des Ganzen. Gottes allerheiligster Name hat den Zahlenwert 26 – und Judas und Jesus als Ikone auch; beide sind ja Dreizehnte.«

Es ist ein Universum, das Werk von Josua Boesch.

Doch hat er auch Wort-Ikonen geschaffen, Übertragungen in seinen Dialekt, bereits als Pfarrer in der Schweiz, und dann als er in Italien in einem anderssprachigen Umfeld lebte.

Die **Wort-Ikonen,** die Stoßgebete, die Psalmen und das Johannes-Evangelium sind in Mundart, im Schweizerdeutschen verfasst und darum nicht allen zugänglich. Ich möchte einige Beispiele aufschlüsseln:

Im 1. Kapitel des Johannes-Evangeliums, im Prolog, wird »das Wort, das Fleisch geworden« ist, beschrieben als »Herrlichkeit des einzigen Sohnes vom Vater, voll Gnade und Wahrheit« (1,14). Josua gibt diese Stelle so wieder: »Herrlich isch er gsii zum Aaluege, aimalig schön, abgschnitte de Vatter, so schön, wie mer s öis nie hetted la tröime, e so ächt und e so wahr, wie nur Gott sälber cha sii.«.

Das »voll Gnade und Wahrheit« wird ausgedrückt mit »Er war so schön, wie wir es uns nie hätten träumen lassen, so echt und so wahr, wie nur Gott selber sein kann«, und die »Herrlichkeit des einzigen Sohnes vom Vater« mit »Herrlich war er anzuschauen, einmalig schön, dem Vater wie aus dem Gesicht geschnitten«. Da verwendet Josua einen sehr geläufigen Dialektausdruck, »abgschnitte de Vatter«, des Vaters Ebenbild, und holt die Theologie ins Alltagsleben, macht den Alltag transparent und erklärt Theologie mit Erfahrungen in menschlichen Beziehungen.

Josua nannte sein Johannes-Evangelium eine Übertragung, weil er den Urtext sinngemäß, erklärend wiedergeben wollte.

Ein zweites Beispiel im gleichen Kapitel 1, am Anfang des Evangeliums: »Im Anfang war das Wort« heißt bei Josua »Im Aafang isch immer es Wort«, um deutlich zu machen, dass nicht von einem zeitlichen Anfang die Rede ist, sondern von einem immer gültigen, der fortlaufend neu geschieht: *in principium*, im Prinzip, weil das Wort alles ins Leben bringt.

Ein Beispiel aus Kapitel 20: Jesus erscheint nach der Auferstehung den Jüngern und sagt: »Der Friede sei mit euch!« Josua schreibt: »Jetz isch Fride!« und holt den Satz vom Konjunktiv in den Indikativ, vom Wunsch in die Wirklichkeit.

»Jetz isch Fride!«

Dann haucht Jesus die Jünger an: »Empfangt den Heiligen Geist. Wem ihr die Sünden vergebt, dem sind sie vergeben. Wem ihr die Vergebung verweigert, dem ist sie verweigert« (20,22 f.). Bei Josua steht zu lesen: »Dene, won ihr d Sünde vergänd, sind s vergäh; dene, wo ihr sie bhalted, die bhalted ihr drin gfange«, also »Denen Ihr die Sünden behaltet, die behaltet ihr in ihnen gefangen.«

Statt die Verantwortung für die Vergebung auf Gott zu überwälzen, zieht sie diese Formulierung in **unsere** Kompetenz und ihre Konsequenz: Wem ihr Vergebung verweigert, die behaltet ihr in ihrer Schuld gefangen; ihr perpetuiert den Kreislauf von Schuld und Rache, statt ihn aufzubrechen.

Wir berühren da wieder den Grundgedanken von Taizé: Vergebung, Versöhnung, Barmherzigkeit. Und kehren zum Anfang dieses Lebenspanoramas von Josua zurück.

Wir berühren da wieder den Grundgedanken von Taizé: Vergebung, Versöhnung, Barmherzigkeit.

Es ist auch die zentrale Erfahrung von Franz von Assisi, der als erster dem Islam friedlich begegnen wollte und ohne Waffen mit einem Kreuzzug mitging, bis er vor dem Sultan Kamil-el-Melek stand und mit ihm über den einen und einzigen Gott diskutieren konnte. Der Sultan sei eingenommen gewesen von dieser unscheinbaren, aber feurigen Person, er gab jedoch zurück, Christen überzeugten ihn sonst nicht: Sie überziehen und vereinnahmen unser Land mit Waffengewalt und Zerstörung.

Wir haben nicht nur einen Bogen geschlagen ins 12. Jahrhundert, zu Franz von Assisi, sondern können auch eine Parallele ziehen zum verstorbenen Papst, der ja den gleichen Namen angenommen hat – und als Motto: Barmherzigkeit!

Ein kleiner Exkurs:
Im Eremo von Camaldoli, in der Klausur, zuoberst gegen den Wald hinter den Eremitenzellen, steht eine Kapelle, die an den Friedhof der Mönche grenzt; über dem Altar schwebt der Auferstandene, ein kleines San Damiano-Kreuz von Josua. So hat er sein größtes Anliegen, den Kern seines Glaubens und seiner Theologie, im Herzen des Eremos hinterlassen.

Und an diese Kapelle ist eine Zelle angebaut, von welcher der Mönch durch ein kleines Fenster auf den Altar blicken kann. Früher lebten dort häufig Reklusen, die ihre Zelle nie verließen oder nur einmal im Jahr, zur Osternachtfeier. So nahm vor 800 Jahren ein Bruder Leonardo durch das Fenster auf den Altar am Gottesdienst teil, den Kardinal Ugolino als Gast des Klosters feierte; und der Rekluse prophezeite ihm, er werde der nächste Papst. Das trat ein: Es war Gregor IX – der 1228 Franz von Assisi heiligsprach. Und Franziskus ist nach der Tradition, die eine große Wahrscheinlichkeit zeigt, auf seinen Wanderungen auch im Eremo von Camaldoli gewesen. Eine Zelle trägt seinen Namen.

Interessant ist, dass hier Josua, der ja von Assisi über Umwege nach Camaldoli, zu Benediktinern geführt wurde, seiner »ersten Liebe« Franz von Assisi wieder begegnete. So schloss sich ein Kreis, so versöhnten sich in ihm verschiedene Aspekte seiner Spiritualität und Geschichte.

Ich möchte ein viertes Beispiel von Josuas Arbeit am Johannes-Evangelium anführen, ebenfalls aus dem 20. Kapitel:

Der Apostel Thomas war bei der ersten Begegnung der Jünger mit dem Auferstandenen nicht dabei, darum schenkt ihm Christus eine persönliche Möglichkeit und Offenbarung. Er darf sogar die Hand in seine Wunden legen, um sich von der Identität dieser Erscheinung mit dem Gekreuzigten zu überzeugen. Laut unseren gängigen Übersetzungen sagt er darauf: »Mein Herr und mein Gott!«

(20,28) Bei Josua: »**Mein** Gott – **du** bisch es ja!« Mein Gott, das bist ja **du**!

Josua hat sich immer an Martin Bubers Vorschlag gehalten, den Namen Gottes, der von den Juden aus Ehrfurcht und Erkenntnisunfähigkeit des Menschen nie ausgesprochen wird, einfach mit

»Du« wiederzugeben. Das tut er an dieser zentralen Stelle. »Mein Gott!« als Ausruf des Schreckens und der Überraschung, und der »Herr« ist ein Du: kein ferner, unberührter Machthaber, sondern ein Bruder, der an meiner Seite bleibt: Du, mein Gott.

[...] der »Herr« ist ein Du: kein ferner, unberührter Machthaber, sondern ein Bruder, der an meiner Seite bleibt: Du, mein Gott.

Im Eremo von Camaldoli hat Josua im gemeinsamen Stundengebet fünfmal am Tag die Psalmen mitgebetet, auf Italienisch, in einer von ihm erst spät erlernten Sprache. Dies schenkte ihm einen neuen Zugang zu diesen alten, alttestamentlichen Gebeten für **seine** Muttersprache, und er übertrug alle 150 Psalmen ins Zürichdeutsche. Sie sind Ausdruck seines immer neu gesuchten und gefundenen Gesprächs mit dem Du-Gott.

Ein Beispiel: der bekannte Psalm 23, *Der Herr ist mein Hirte*. Josua bringt ihn in einer indianischen Version, wie er selber dazu schreibt:

gott isch wie n en hirt
bi imm chum i nüd z churz -
er füehrt mi deet ane wo s gras saftig isch
und s wasser früsch und klar -
In die Schriftsprache zurück übertragen:
Gott ist wie ein Hirte.
Bei ihm komme ich nicht zu kurz.
Er führt mich dorthin,
wo das Gras saftig ist
und das Wasser frisch und klar.

Er sorgt au für mis innerst
und wän i verseit ha
laat er mi nüd la staa
er zeigt mer de rächt wäg wieder
Deutsch:
Er sorgt auch für mein Innerstes,
und wenn ich versagt habe,
lässt er mich nicht stehen:
er zeigt mir den rechten Weg wieder.

Es cha sii, dass mi de wäg emal
dur e dunkli Schlucht füehrt
dänn bi i nüd elei
du bisch bi mer
und ich gah derdur im fride -
du leisch mer d hand uf de chopf
und ich bi grad nüme müed

Es kann sein, dass mich der Weg einmal
durch eine dunkle Schlucht führt.
Dann bin ich nicht allein,
du bist bei mir,
und ich gehe hindurch im Frieden.
Du legst mir die Hand auf den Kopf,
und ich bin gleich nicht mehr müde.

Du teilsch alles mit mir
a diim tisch dörf i ässe und trinke
und i ha meh als gnueg -
d tüüre zu dir bliibt immer offe
solang i läbe
und wänn i stiirbe
nimmsch du mich zue der i diis zält
Du teilst alles mit mir.
An deinem Tisch darf ich essen und trinken,
und ich habe mehr als genug.
Die Türe zu dir bleibt immer offen,
solange ich lebe,
und wenn ich sterbe,
nimmst du mich zu dir in dein Zelt
das isch wahr jetz und dur alli ziite.
Das ist wahr, jetzt und für alle Zeiten. Amen.

Du nimmst mich zu dir in dein Zelt: indianisch, aber auch alttestamentlich […]

Du nimmst mich zu dir in dein Zelt: indianisch, aber auch alttestamentlich, als Gott im Zelt unter den Menschen wohnte, im »tabernaculum«, wie es lateinisch heißt. In der Befreiungstheologie ist Gott ebenfalls mit dem Volk unterwegs.

Gelitten hat Josua im Eremo di Camaldoli unter der täglichen Eucharistiefeier. Das Geschehen und Geheimnis war ihm einfach zu groß, als dass er es jeden Tag hätte verdauen können, und er wollte nicht in einen leeren Ritualismus verfallen. Jetzt, Jahre nach seinem Tod, haben die Mönche umgestellt auf **eine** Eucharistiefeier pro Woche, sonntags, mit der Begründung, Mönche seien doch ursprünglich und eigentlich Laien, nicht Priester. Eine späte Wirkung von Josuas Leiden: Auferstehung des ursprünglich Gemeinten.

Gott als Du, als Liebe, Leben, Umarmung, als Auferstehung, als Unfassbarer, als Allesumfassender. Seinen Namen *Jahwe* gibt man gewöhnlich wieder mit »Ich werde sein, der ich sein werde«: einer, der sich entzieht, den du dann aber schon erkennst, wenn er da ist. Daraus hat Josua gelebt.

Nicht er, sondern »ein anderer Franziskaner«, wie ich sagen möchte, Richard Rohr, hat mir gesagt, er meine, »Jahwe« drücke noch Elementareres aus: den Atem, den Hauch Gottes, der in uns und allem Geschaffenen lebt: Jah-we, der Klang des Ein- und Ausatmens.

Im Hebräischen werden keine Vokale geschrieben, nur Konsonanten. Die für das Wort »Jahwe« verwendeten Konsonanten gestatten es nicht, beim Sprechen die Lippen zu schliessen, nur zu atmen. Man muss den Mund offenhalten, man darf keine fixierte Vorstellung haben. Man kann (gar nicht anders als) Gott ins Leben einlassen und aufnehmen – aber ihn nicht festhalten, man muss alle Gewissheiten loslassen. »Einen Gott, den es gibt, gibt es nicht« (Dietrich Bonhoeffer).

Alle Menschen atmen aber die gleiche Luft. Der Name »Jahwe« ist also die Demokratisierung der Religion, denn der Atem wird uns allen angetan. »Gott ist mir innerlicher, als ich mir selber bin«, schrieb Augustinus.

»Gott ist mir innerlicher, als ich mir selber bin«, schrieb Augustinus […].

Und dasselbe, so Richard Rohr, einfach in einem anderen Hörverständnis des Klangbildes, sei Allah: Al-lah: Ein- und Ausatmen. »Gott ist mir näher als meine Halsschlagader« (Mohammed).

Beenden möchte ich diese Einblicke deshalb mit einem Text von Josua Boesch aus dem ersten Buch »Gebätt i der Mundart«, das er noch als Pfarrer anfangs der Siebzigerjahre geschrieben hat: eine Wortikone, die überleitet zur sonntäglichen Eucharistiefeier. Überschrieben ist sie einfach mit »Lk 10,30 …«. Wir kennen die Geschichte – aber vielleicht nicht so, wie Josua sie deutet.

es isch eine vo jerusalem uf jericho abe
und räuber i d händ graate
die händ en zämegschlage, uusplünderet
und halbtood ligge lah
Es ist einer von Jerusalem nach Jericho hinab
und Räubern in die Hände geraten,
die ihn zusammenschlugen, ausplünderten
und halbtot liegen liessen.
e ggachteti persönlichkeit iisch de gliich wäg choo
hät en gseh und isch an em verbii
Eine geachtete Persönlichkeit ist den gleichen Weg gekommen,
hat ihn gesehen und ging an ihm vorbei.

no eine isch choo
hätt en gseh und isch an em verbii

erst eine wo mer doozmal verachtet hätt
isch abgstige
und hätt nach em glueget
und hat nach ihm geschaut

dää hätt em d wunde verbunde
hätt en uf sis tier glade
und i di nächst herberg mitgnoo
deet hätt er en pflägt

am andere taag hätt er em wirt no gäld ggäh:
lueg du jetz zuen em, bis er gsund isch
und was es meh choschted
zaal i der wänn i zrugg chume

daas gliichnis isch no genau e so waar wie doo:
Christus isch de samariter
mir sind die wo am rand sind
gschlage uusplündered halbtood am bode
dää gottesdienst isch d herberg
won er eus an tisch nimmt
und alles mit öis teilt
brot und wii
freud und leid
läbe und sterbe
das isch waar
vill waarer als alles won au no waar isch
vill würklicher als alles won au würklich isch

[…] das isch waar vill waarer als alles won au no waar isch […]

was wäre mir
uferstandene Christus
wänn **du** an eus verbii wärsch
wänn **du** eus nüd ufgläse
und dahere braacht hettisch
mir wäred verloore
wenn **du** an uns vorbeigegangen wärst
wenn **du** uns nicht aufgelesen und hierher gebracht hättest
wir wären verloren

aber **du** bisch de samariter
du gaasch a keim verbii
da defür säged mir danke
amen
grad esoo
wien i der nacht vo siim sterbe
nimmt jesus jetzt s brot
danked defür und seit:
das isch miin liib, miis läbe für eu

ässed s zur gmeinschaft mit mir
und teiled s zur gmeinschaft underenand

und grad esoo wie doo
git er eus de kelch und seit:
das isch miis bluet, miis sterbe für eu
alli schuld isch eu vergäh
dää kelch isch s zeiche für di neu gmeinschaft
zwüsched gott und eu
trinked alli druus
und teiled en zur gmeinschaft underenand

Und nach dem Abendmahl heisst es schlicht:

will **du** de gross samariter bisch
lass eus de wirt sii
dir z lieb
und allne gschlagne zum läbe

Die Erzählung vom barmherzigen Samariter wird katholisch meist als moralischer Appell ausgelegt: **Ich** muss als Samariter allen Zerschlagenen aufhelfen und sie retten.

Josuas Auslegung ist protestantisch: Christus ist der Helfer, wir werden von ihm gerettet. »Die Gnade allein genügt.« Wir müssen es nur zulassen, geschehen und uns erlösen lassen. »Der Glaube allein genügt.«

»Die Gnade allein genügt.« Wir müssen es nur zulassen, geschehen und uns erlösen lassen. »Der Glaube allein genügt.«

Ökumenisch darf man anfügen: Habe ich einmal diese Gnade erfahren, drängt es mich, sie auch andere erfahren zu lassen, also ihnen barmherzig zu sein, Wirt zu sein, ein zweiter Christus, wie Luther formulierte. Die Gemeinsame Erklärung der Evangelisch-Lutherischen und der Römisch-Katholischen Kirche vom 31. Oktober 1999 in Augsburg hat dann endlich festgehalten, dass »gute Werke« nicht Bedingung für die Erlösung seien, sondern ihre Konsequenz. Luthers Anliegen wurde von katholischer Seite aufgenommen und »gerechtfertigt«.

Josua Boeschs Abendmahlsliturgie von 1974 mit der Erzählung vom Barmherzigen Samariter ist ein vorweggenommener Brückenschlag zwischen der evangelisch-reformierten und der katholischen Tradition. Wie sein ganzes Leben.

Reto Müller (1951) ist katholischer Priester im Ruhestand im Kanton Schwyz.

Predigt am Sonntag Judika

06.04.2025, Kloster Kirchberg, Eröffnung der Ausstellung Josua Boesch

von Sabine Beyreuther

Predigttext: Joh 18,28–19,5

Liebe Schwestern und Brüder!

Mit dem Sonntag Judika beginnt die Passionszeit. Jesu Leiden kommt immer deutlicher in den Blick. Mit Jesus gehen wir seinem Sterben entgegen.

Das Evangelium, das wir gehört haben, ist schon sehr karfreitäglich.

Jesus vor Pilatus. Jesu Geißelung und Verspottung.

Der Abschnitt endet mit dem Satz des Pilatus: Seht, welch ein Mensch!

Im griechischen Original steht hier nur: Siehe, der Mensch! – Dieses »Siehe, der Mensch!« will ich als Überschrift über die Erzählung stellen. Sie bekommt dann eine neue Tiefenschärfe.

Schauen wir einmal hin: Wer sind die Menschen in dieser Geschichte.

Da sind die Hohenpriester, die religiösen Autoritäten zur Zeit Jesu: Sie sind korrekt, nehmen es ganz genau, wollen keine Fehler machen. Sie bewahren die Ordnung. Sie wollen sich und die Menschen, für die sie Verantwortung tragen, schützen. Darum gehen sie noch nicht einmal hinein in das Prätorium, um sich nicht zu verunreinigen. Pilatus muss zu ihnen hinauskommen. Sie halten sich an alle Gebote. Und dort, wo es ihnen nicht gelingt, da sind sie klug, und schieben die Verantwortung dem Pilatus zu. »Wir dürfen niemanden töten«, sagen sie. Die Drecksarbeit darf Pilatus machen.

Sind sie letztlich nicht ängstlich? Spüren sie vielleicht, dass dieser Jesus ihre Ordnung durcheinanderbringen würde, in der sie sich gut eingerichtet haben? Haben sie Angst vor Veränderung? Geht es ihnen vielleicht auch um ihre Macht? Oder sind sie unter der Fassade ihrer vielen Gebote vielleicht einfach unsicher?

Ängstlich, unsicher, unehrlich, skrupulös, verschanzt hinter komplizierten Regeln. – Siehe, der Mensch!

Ängstlich, unsicher, unehrlich, skrupulös, verschanzt hinter komplizierten Regeln. – Siehe, der Mensch!

Da ist Pilatus. Er hat sich angepasst und kommt den religiösen Autoritäten entgegen. Mehrfach sogar geht er zu ihnen hinaus,

Foto: Rolf Gerlach

weil sie nicht zu ihm herein kommen wollen. Er lässt sich ein auf diesen seltsamen Prozess. Er tut nur seine Pflicht. Wenn er sich mit den Religionsvertretern gutstellt, hat er mehr Ruhe in diesem unruhigen Land, dessen Religion er nicht versteht. Darum macht er besser das, was sie wollen.

Seltsame Reden schwingt dieser Angeklagte, spricht von einer anderen Welt und von Wahrheit. Wahrheit? Was interessiert Pilatus Wahrheit? Macht zählt und Geld. Dieser Jesus ist ihm eigentlich egal. Irgendein Angeklagter, den er töten lassen soll. Das ist kein schöner Job, aber einer muss ihn ja machen. Besonders unschön ist: Ganz offensichtlich ist dieser Mann kein Verbrecher. Aber die anderen wollen ihn loswerden. Dann macht er halt, was man so tut. Ein bisschen Geißelung und Verspottung – Folter würde man

Opportunistisch, machtverliebt, feige und gewissenlos. – Siehe, der Mensch!

heute dazu sagen. Den Verurteilten demütigen. Am Ende macht er nochmals deutlich, dass er die Verantwortung nicht übernehmen will für die Ermordung dieses Unschuldigen. Er führt nur die Befehle aus, die andere ihm geben.

Opportunistisch, machtverliebt, feige und gewissenlos. – Siehe, der Mensch!

Da ist Jesus. Verspottet, verwundet, gefoltert, gedemütigt und zugleich würdevoll durch und durch – ein König, der die Wahrheit bezeugt, das Wahre, den Wahren, den Einen und Einzigen. Sein Fundament ist nicht die von den unterschiedlichsten Empfindungen, Anmutungen, Bedürfnissen angetriebene Welt, sein Fundament, die Wurzel seines Handelns und seiner Verkündigung ist ein Reich, das nicht von dieser Welt ist. Sein Fundament ist der, der der Ursprung von allem ist.

Würdevoll im Ursprung und verwundbar zugleich. – Siehe, der Mensch!

Und ich? Wer bin ich als Mensch? Weiß ich um meine Würde, meinen Ursprung? Habe ich meine Verwundbarkeit akzeptiert?

Im Anschluss an den Gottesdienst werden wir in der Elisabethkapelle eine Ausstellung mit besonderen Ikonen eröffnen. Geschaffen hat sie der Schweizer Goldschmied und Theologe, Ikonograf und Mystiker Josua Boesch. Josua Boesch hat existenziell gerungen mit der Frage: Wer bin ich? Wer bin ich für Gott? Wer bin ich für die Menschen?

Die ursprünglichste Ikone jedoch ist der Mensch.

Auf seinem spirituellen Weg hat Josua Boesch zahlreiche Metall-Ikonen geschaffen und zahlreiche Wort-Ikonen. Die ursprünglichste Ikone jedoch ist der Mensch.

Eine Ikone ist transparent. Es geht nicht so sehr um das Bild, das man aufs Erste sieht. Die Ikone ist vielmehr Abbild oder Inbild einer ganz anderen Wirklichkeit, sie ist schöpferisch-dynamische Gestalt und Gleichnis Gottes. Die Ikone Mensch ist Gottes Ebenbild.

Als sein Ebenbild hat Gott den Menschen geschaffen. Da liegt der Ursprung und das Ziel. Josua Boesch spricht vom Urbild. Er selbst ist den Weg gegangen, dieses Urbild freizulegen von den vielen Schichten, die sich im Laufe einer Biografie und durch viele Begegnungen über das Urbild gelegt haben. Dabei war er radikal. Er ist an die Wurzel gegangen. Er hat gerungen mit Gott und mit sich selbst.

Seine Ikonen sind aus Metall. Sie alle mussten durchs Feuer gehen, um ihre Gestalt zu bekommen. Sie sind geläutert.

Auch der Mensch muss durch einen Prozess der Läuterung, um zu der Gestalt zu gelangen, als die er von Gott von Anfang gemeint war, um erkennbar zu werden als Ikone Gottes.

Für Josua Boesch wurde dieser Weg zum Auferstehungsweg.

Zu einer Ikone, die in der Ausstellung zu sehen ist, der Lebensbaum-Ikone, schreibt er: »Ikone ist Urbild vom Menschen. Wie er von Anfang gemeint war. AUFERSTANDEN. Verwurzelt und aufrecht wie ein Baum. In der Vertikalen sich ausstreckend, in der Horizontalen sich ausspannend. Beziehungsfähig zu Gott und zu Menschen. DU will er sagen. Und DU sein. Die Erde umfangen und auch den Himmel, als DU. Einswerden mit beiden. Was für ein langer und mühsamer Weg, um über die Gegensätze hinaus bis zu dem zu gelangen, der alles verbindet und eint. Ein Kreuzweg. Oder vielleicht doch ein Auferstehungsweg?« (Josua Boesch, arte contemplativa, 18)

Diesen Auferstehungsweg ist er, der Ikonograf und Mystiker, Theologe und Goldschmied, selbst gegangen. Mit seinen Ikonen – den Metall-Ikonen und den Wort-Ikonen, hat er ihn auch anderen zugänglich gemacht.

Ein Ikonenzyklus trägt den Titel Auferstehungsweg. Wer diese Ikonen meditiert, wird Schritt für Schritt den Weg geführt von der Frage nach dem eigenen Ursprung über die Berufung, durch die Wüste hinunter ins Leiden, über das mystische Einswerden, die Danksagung – Eucharistie – über die Verwandlung hinein in den achten Tag, die Auferstehung, die zwar schon am Anfang steht, die dann aber alles sprengt.

Im Kirchenjahr stehen wir heute am Sonntag Judika in der Tiefe, beim Leiden. Josua Boesch hat die Leidens-Ikone des Auferstehungsweges gestaltet als Ikone von einem Menschen mit einer Dornenkrone aus Gold. – Siehe, der Mensch!

Er schreibt dazu:

»Es ist der Auferstandene, der hier leidet. Es sagte einmal einer: ›Es ist, wie wenn hier alle Dornenkronen der Welt und alle Beleidigungen und alle Leiden der Menschheit gesammelt würden, um in Strahlen der Herrlichkeit Gottes verwandelt zu werden‹.

Es ist so: Die Verwundungen sind aus Gold, die Tränen sind aus Gold, selbst die Dornen. Alle sind verwandelt.

Ist vielleicht gerade dieses Verwandeln der Leiden das besondere Engagement des Auferstandenen heute?

Ist der Himmel deshalb allen Leidenden und Sterbenden besonders nahe?

Wahrhaftig, der zum Himmel gefahrene Christus ist den Leidenden besonders nahe, weil nur wer leidet die Welt verändern kann …

Was für ein neues Geheimnis: Der Auferstandene zeigt sich heute leidend und die Welt verändernd. Erwartet er von seinen Christen

Wahrhaftig, der zum Himmel gefahrene Christus ist den Leidenden besonders nahe, weil nur wer leidet die Welt verändern kann …

und von seinen Kirchen heute nicht eine authentische Anteilnahme an seinen Leiden und am Leiden der ganzen Welt? Eine glaubwürdige Mitarbeit an der Verwandlung der Welt?« (Josua Boesch, Auferstehungsweg, 24 f.)

Im Evangelium haben wir gehört, wie Menschen so sind. Sie sind, wir sind wie die Hohenpriester und wie Pilatus oft ängstlich, feige, machtverliebt, von Scham gebeugt, unehrlich, unsicher und noch vieles mehr. Dass wir so sind, und nicht nur wir, sondern die ganze Menschheit, macht, dass so viele Menschen leiden, obwohl keiner das wirklich will.

Der auferstandene Christus zeigt uns schon heute den Weg, wohin wir gehen sollen, damit die Welt sich wirklich ändern kann: zum Ursprung des Menschseins, zu dem, wie wir von Anfang an gemeint sind. Wir sind Ikonen des Ewigen.

Um das zu erkennen und aus dieser Erkenntnis zu leben, müssen wir erst diesen Ursprung schauen: Siehe, der Mensch, das Ebenbild Gottes.

Amen.

Dr. Sabine Beyreuther ist Schuldekanin sowie Geistliche Leiterin und Vorsitzende des Berneuchener Dienstes.

Josua Boesch's Friedensikone – ihre Bedeutung für unsere Zeit

von Samuel Jakob

Vorgeschichte

Josua Boesch's Friedensikone ist die dreizehnte in seinem *arte contemplativa, Heilkraft aus dem Schauen.*[1] Sie entstand als nächste nach seinem Triptychon zur Versöhnung von Kain und Abel, das im Gemeindesaal von Marzabotto hängt, dem italienischen Ort, der im September 1944 ein grausames Massaker deutscher Truppen erlebte; aus purer Rache, weil aus dieser Gemeinde viele Widerstandskämpfer (Partisanen) hervorgegangen waren. Diese Ikonengruppe war 1985 entstanden, und ein Mitbruder aus Camaldoli reagierte darauf mit den Worten: *»Jetzt erwarte ich von dir nur noch die Versöhnung von Jesus und Judas«.*[2] Boesch erschrak darob ... aber ein Jahr später, am 20. Juli 1986 notiert er in sein Tagebuch:

> *Jesus und Judas. Will eine Ikone entstehen? Zweitausend Jahre nach dem Tod Jesu sind Jesus und Judas noch immer ein ungelöstes Problem. Mehr noch: die grössten Gegensätze, die man sich denken kann! Der eine im ewigen Leben, der andere in der ewigen Verdammnis. Wo kämen wir hin, wenn es nicht so wäre? »Du Judas!«, das heisst so viel wie »Du Verräter!« Keiner trug mehr seinen Namen, so geächtet ist er. Wie ein blinder Fleck hat er sich auf uns Christen gelegt und unser Verhalten gegenüber den Juden geprägt. Was gäbe es da nicht alles aufzuarbeiten!*

Am 22. September 1986 dann:

> *Die Judas-Ikone ist geboren. Der letzte Durchgang durch das Feuer hätte seine Gestalt beinahe verbrannt. Aber dann ist es doch noch gut gegangen ... wahrhaftig, diese Ikone ist mir zugefallen.*

[...] wahrhaftig, diese Ikone ist mir zugefallen.

Am 27. Oktober weiter:

> *Zürich. Ich versuche, die vielen Begegnungen und Gespräche zu verarbeiten. Mir scheint, das Thema »Judas« liegt in der Luft. Viele spüren es. Die Friedensgruppe der »Zürcher Disputation 84« möchte die Judas-Ikone am liebsten erwerben ... für einen Raum der Stille mitten in der Stadt ... Mein auferstandener Judas ist zum Friedensstifter geworden.*

---

[1] Zürich, Ergänzte Neuauflage 2022, 56–60.

[2] Josua Boesch, *Morgendämmerung, Tagebuch einer Wandlung*, Oberegg 1995, 167.

Die Zürcher Disputation 84

Aus Anlass des 500. Geburtstag des Reformators Huldrych Zwingli veranstaltete die Reformierte Zürcher Kirche einen mehrjährigen Prozess (1982–1989) zur Erneuerung der Kirche. In »Disputationen« in den 13 Bezirken wurden 1984 Vorschläge ausgearbeitet, die anschliessend von einer kantonalen Delegiertenversammlung in 13 Sessionen verarbeitet wurden. Gegen 3000 Personen aus allen kirchlichen Milieus nahmen an dieser Basisbewegung teil. In der kantonalen Disputation prallten die Gegensätze aufeinander. Jede Richtung wollte die Kirche auf ihre Linie trimmen, und gegenseitig waren harte Worte zu hören, bis zu Vorwürfen an »Gegner», den Kern des Evangeliums zu verraten. Nach einer Krise setzte eine Phase im Plenum der 200 Delegierten ein, aufeinander zu hören, und ernsthaft nach gemeinsamen Lösungen zu suchen. Als die Friedensgruppe der Disputation nach einem Wahrzeichen für das 1985 von Carl Friedrich von Weizsäcker vorgeschlagene Friedenskonzil suchte[3], stieß sie im September 1986 auf Josua Boesch, der mit seiner jüngsten Ikone – der Judas-Ikone – »zufällig« in dieser Zeit in Zürich weilte. Nachdem Mitglieder der D84 diese Ikone erworben hatten, schrieb Josua Boesch für die letzte Versammlung vom 7./8. November 1986 dazu den folgenden Kommentar:

»Die Auferstehung des Judas« – eine Friedensikone

Vier Metalle, Kupfer, Messing, Silber + Gold, verwandeln sich in der Glut des Feuers in eine Ikone. Der Arbeitsprozess selber hat Farben + Nuancen, Dunkel + Helle bestimmt. Der Künstler hat nichts manipuliert, er hat die Arbeit des Feuers nur ganz aufmerksam begleitet. Er hat den nackten Metallen Form + Gestalt gegeben. Entspannung + Einheit schaffte das Feuer. Symbolisch an dieser Ikone ist auch ihr Entstehen. Das ist bedeutsam auch für den Frieden. Er ist nicht machbar, man findet zu ihm nur durch einen Prozess der Verwandlung. Billiger ist er nicht zu haben. Man muss das Feuer riskieren, ohne sein Ergebnis zu kennen. Man muss ihm vertrauen. Hat ER nicht selber gesagt, als er den Weg der Verwandlung unter uns ging: »Ein Feuer auf Erden zu bringen bin ich gekommen. Was wollte ich lieber, als dass es schon brennte«?

Kirche – ein Dornbusch, der brennt + doch nicht verbrennt. Har ER nicht das gemeint? Damit die Menschen ihre Sandalen ausziehen +

[3] Carl Friedrich von Weizsäcker, *Die Zeit drängt. Eine Weltversammlung der Christen für Gerechtigkeit, Frieden und Bewahrung der Schöpfung*, München 1986. Aus Weizsäckers Vision wurde schließlich die Erste Europäische Ökumenische Versammlung *Frieden in Gerechtigkeit*, die vom 15.–21. Mai 1989 in Basel stattfand.

ihre Berufung erfahren für eine neue Welt? Aufersteht uns deshalb jetzt Judas? Damit auch wir keine Ausrede mehr hätten, uns verwandeln zu lassen? Ist unser Meer von tödlichen Spannungen + Gegensätzen schon vom Geheimnis der Parabel umfasst? Hat sich am tiefsten Punkt unseres Abgrunds schon Einheit niedergelassen? Die Einheit von Himmel + Erde, von Sonne + Mond, von Göttlichem + Menschlichem, Männlichem + Weiblichem, Tag + Nacht? Beginnt dort zuunterst der Aufbruch ins Leben?

Welche eine Hoffnung: zuerst Judas! Als ersten zieht ER seinen Verräter heraus aus dem Abgrund, hinein in den Tanz des Lebens. Sie hatten damals das unerträgliche Loch in der Reihe der zwölf sogleich gestopft. Und ihn + sein Problem aus dem Bewusstsein verdrängt? Ist er deshalb zum Archetyp des Schelmen + des Verräters geworden? Aber jetzt aufersteht er zuerst. Als dreizehnter! Auch Jesus war damals der Dreizehnte unter den Zwölfen. In der Bibel ist es immer der dreizehnte, der über die Grenzen der zwölf hinausgeht + die Einheit der Gegensätze vollbringt. Was kann uns Grösseres geschehen, uns, die wir an der Vielfalt der Gegensätze verzweifeln? Und in Gefahr sind, ökologischen oder gar nuklearen Suizid zu begehen?

Als ersten zieht ER seinen Verräter heraus aus dem Abgrund, hinein in den Tanz des Lebens.

Wer anders als der auferstandene Judas könnte uns einen anderen Ausweg aus der Verzweiflung zeigen? Ist Auferstehung nicht sehr viel mehr als das, was wir bisher darunter verstanden? Wir Schelmen! Kann uns Grösseres geschehen als dass uns ein verwandelter Schelm vorausgeht auf dem Weg des Umdenkens + der Verwandlung? Damit wir nicht mehr verzweifeln + den Ausweg sehen?

Da ist er, der Ausweg. Der auferstandene Judas gibt seinem Freund die Hand. Freiwillig. Von sich aus. Und zwischen ihrer Hand strahlt auf einmal jenes göttliche Gold, das eine neue Welt schafft. Ihre Hand schafft mit an dieser neuen, zarten aber unverfügbaren Welt. Der Morgenstern geht auf. Es dämmert in der Menschheit, auch wenn diese Welt nur wie ein Hauch da ist. Nur ein Hauch kann durch Mauern gehen. Wie ER. Aber ER zeigte den Mutationssprung schon ganz deutlich im jahr-millionen-alten Überlebensdrama der Menschheit. »Ich bin das Leben», hat ER gesagt. Es ist zuende mit dem blossen Überleben. Und das Leben beginnt bei den Schwächsten. Bei denen, die wir erledigt haben, wie Judas.

Auch die Masse sind Symbole in den Ikonen, wie in der Bibel. 26, die Länge, ist das Symbol Seines Namens, den Gott dem Mose offenbarte am brennenden Dornbusch. 17 ist die Breite, Symbol der Krise, der Schwelle, über die man ins Leben findet. Symbol bedeutet »Zusammentreffen« von Seinem Namen mit unserem, von Seiner Krise mit unserer. Hoffnung.

Nie hat eine Ikone einen Rahmen. Er würde verschliessen und verengen, was die Ikone von innen her öffnet. Ikonen öffnen alle unsere Räume + Grenzen auf neue Dimensionen hin, damit Frieden einziehe im Abgrund des Herzens. Damit wir verwandelt werden in die Gestalt jenes Bildes, das ER von allem Anfang gemeint hat, + das IHM gleicht.

Zürich am 6.11.1986 josua boesch

Vom Disput zum Dialog: von der Auferstehung des Judas
Unter diesem Titel habe ich als damaliger Projektleiter an der letzten Plenarsession die beiden Wege, die hier zusammenfanden kommentiert.[4] Ich beschränke mich auf eine Schlüsselpassage:

> *Josua Boesch hat die Disputation 84 seiner Zürcher Kirche von Anfang an aus der Ferne seiner Eremitei in der Presse mitverfolgt. Als wir zwei uns kurz vor Abschluss des Projekts das erste Mal trafen, meinte er, er habe bedauert, dass dafür nicht die Bezeichnung »Zürcher Dialog« statt »Zürcher Disputation« gewählt wurde. Der Disput gehe davon aus: »Wer hat recht - du oder ich?». Es gibt da nur Gewinner und Verlierer. Und dazwischen die »Schiedsrichter», heute die Entscheidung der Mehrheit. Ich gab Josua bei diesem Gespräch einige Protokolle der Plenarsitzungen mit, die auch die Krise dokumentierten, in welche das Projekt mit schnellen Mehrheitsentscheidungen und einem kleinlichen Parlamentarismus mit unzähligen Änderungsanträgen geraten war und hüben und drüben viel Frustration erzeugt hatte ... bis neue Verfahren daraus herausführten (und die Frauen im Leitungsteam die Führung übernahmen, alles gut dokumentiert im Ergebnisband!).*
>
> *Im zweiten Gespräch meinte er, der Name »Disputation« sei doch zurecht gewählt worden: Wir hätten sonst etwas übersprungen. Aber jetzt - nach all dem, was wir miteinander erfahren hätten, sei es Zeit, zum »Dialog« überzugehen, der nicht mehr von der Frage ausgeht, wer hat recht und wer nicht, sondern: Wie können wir Brüder und Schwestern werden und bleiben mit unseren so verschiedenen Auffassungen auf unserem gemeinsamen Weg durch die Zeit, in unserer Gesellschaft, in unserer Kirche?*

Wie können wir Brüder und Schwestern werden und bleiben mit unseren so verschiedenen Auffassungen auf unserem gemeinsamen Weg durch die Zeit [...]

[4] Evang.-ref. Landeskirche des Kantons Zürich (Hg.), *Zürcher Disputation 84 - Ergebnisse. Beiträge zur Standortbestimmung und Erneuerung unserer Kirche,* Zürich 1987, 392–398.

Die Auferstehung des Judas – verstehen wir die Brisanz dieser Botschaft?

Bald 40 Jahre später – 2025 – ist die visionäre Botschaft von Boeschs Friedensikone so aktuell wie noch nie: Polarisierungen und Machtkämpfe – Kriege im Großen und innergesellschaftliche Unduldsamkeiten nehmen zu, gegen die zurzeit kein Kraut gewachsen zu sein scheint.

Josua Boesch war bei der Schöpfung aller seiner Ikonen klar, dass es dabei immer auch um ihn selber ging, auch um seine eigenen Schatten – bei seiner Judasikone um den Judas in ihm. Wir alle tragen auch Züge eines Judas in uns! Es genügt nicht, den Judas im außen zu sehen, und diesen Projektionen zu verfallen und den daraus resultierenden Sündenbockspielen – die jedoch keine Spiele sind, sondern allzu oft blutiger Ernst .... und in denen sich unsere Menschheit immer wieder aufs Neue verstrickt. Massenmedial verstärkt, üben diese Judas-Projektionen mächtigen Druck auf uns aus, Parteiungen zu folgen, Andersdenkende auszugrenzen oder gar zu verfolgen ... wenigstens mental und emotional, mit intern errichteten »Brandmauern«, die gegnerische Lager – und uns als Menschen – voneinander trennen. Subjektiv mögen die Motive auf beiden Seiten verständlich sein, wie auch die Motive des Zeloten Judas nachvollziehbar sind, der mit seiner Überzeugung und Hoffnung die Sendung von Jesus missverstand, und sich erhängte, als er – zu spät – seinen Irrtum erkannte.

Josua Boesch erkannte das volle Kaliber, das ihm mit seiner Judasikone widerfahren war. Auch wie judasmäßig die Kirche über Jahrhunderte ein ›corpus christianum‹ mit Gewalt meinte aufrichten zu müssen.[5] Erkennen auch wir es? In einer pluralisierten Menschheit und Welt, deren Gegensätze uns zu zerreißen drohen? Fremdenfeindlichkeit und Identitätspolitik scheinen Auswege aus dieser Lage zu bieten, sind jedoch Sackgassen, die nur zu immer mehr Gewalt führen.

Josua Boeschs Friedensikone deutet nichts Geringeres als einen Paradigmenwechsel an, sowohl einen religiösen wie einen politischen, im Kern einen jesuanischen. Grundsätzliche Überzeugungen loszulassen – auch wenn sie noch so unproduktiv geworden sind – ist schwierig, sogar dann, wenn das Neue bereits da ist. Wie die erste Taube in der Sintflutgeschichte, als Noah diese aus seiner Arche noch zu früh losschickte, um zu erkunden, ob

Josua Boeschs Friedensikone deutet nichts Geringeres als einen Paradigmenwechsel an, sowohl einen religiösen wie einen politischen, im Kern einen jesuanischen.

---

5 Dazu verweise ich auf Boesch's Kommentar zur Judasikone in seinem *arte contemplativa, Heilkraft aus dem Schauen*, 56–60. Er schreibt dort: *Identität oder Ikone, das ist die Frage. Genau umrissenes Bild – klar fixierte Idee – Ideologie. Oder offenes Inbild – ähnlich werdendes Abbild – gemeinsamer Weg. Weg oder Abgrund.*

das Land wieder trocken und betretbar sei (Gen 8,8), gibt es einen Vorläufer zur Auferstehung-des-Judas-Ikone von Josua Boesch, eine Judas-Darstellung in der Kathedrale von Vézelay im Burgund:

Foto aus: Judas und der gute Hirt

In Vézelay findet sich in der Kathedrale Sainte Marie-Madeleine (12. Jahrhundert) ein einzigartiges Säulenkapitell: Auf der einen Seite sieht man den am Schluss verzweifelten Judas an einem Strick hängen, mit dem er sich – verstrickt in seiner Schuld – selber umgebracht hat. Auf der anderen Seite trägt jemand den toten Judas auf seinen Schultern, wie ein Hirt das verlorene Schaf. Kein Zweifel: Der Hirt ist der auferstandene Christus, der den toten Judas aufnimmt, heimholt und annimmt.

Der Jesuit Christoph Wrembeck hat 2017 zu diesem Kapitell ein berührendes Buch geschrieben: *Judas, der Freund. Du, der du Judas trägst nach Hause, trage auch mich.*[6] Boesch kannte natürlich dieses Buch nicht, aber »ausgerechnet heute« schrieb er am 22. September 1986 in sein Tagebuch, habe er von diesem Kapitell erfahren, durch einen Nachruf auf den jüdischen Schauspieler Peter Lothar, der sich wie ein Judas vorgekommen sei, weil er zu lange gezögert hatte, den Nazis das von ihnen erpresste Lösegeld für seine Schwester auszuhändigen: *Erst ein Kapitell in der Kathedrale von Vézelay habe ihn von seinem Verlangen nach Suizid erlöst,*

6 Verlag Neue Welt, inzwischen 8. Auflage 2024 und in einige andere Sprachen übersetzt.

der ihm als einzige authentische Antwort auf seinen Verrat erschienen sei. Dieses Kapitell zeige den Auferstandenen, der seinen toten Freund Judas aus der Hölle trage.

Am Tag darauf notiert Boesch: *Jesusalem - Vézelay - Camaldoli. So lange dauert die Bewusstwerdung der Menschheit. Mehr als tausend Jahre, bis einer Judas aus der Hölle trug in Vézelay, und fast nochmals tausend Jahre, bis ER ihn Camaldoli anvertrauen konnte. Wahrhaftig, diese Ikone ist mir zugefallen.* Josua Boesch's Auferstehung-des-Judas-Friedensikone kommt der zweiten Taube gleich, welche Noah aussandte, und die mit einem Olivenzweig zurückkehrte, damit anzeigend, dass die Sintflut vorüber ist, und der Landgang nun bald möglich. Der Regenbogen am Himmel ist seither das Zeichen zu Gottes Versprechen, dass er die Menschheit nicht dem Untergang anheimgibt. (Gen 9, 11–17) Wie viele Genozide und Ausgrenzungen wollen jedoch wir noch gleichgültig in Kauf nehmen, bis wir endlich zu diesem großen – GROSS erlösenden – Paradigmenwechsel bereit sind, den uns die Auferstehung des Judas anzeigt, nicht nur mit unseren Köpfen, sondern auch mit unseren Herzen (mitsamt ihren Abgründen) ... und mit konkreten Taten?

Dr. Samuel Jakob ist Psychologe, Seminarleiter und Coach im Bereich psycho-spirituelle Entwicklung.

Heilender Einbruch – Verwandlung zur Freude

Betrachtung einer Metallikone von Josua Boesch

von Dietlind Schaale

Zu einem Verwandlungsweg zur Freude lädt uns diese Metallikone von Josua Boesch mit ihren sehr einfachen Formen ein:

»Heilender Einbruch« – diesen Titel gab der Künstler der abgebildeten Ikone. Ein heilender Einbruch ist nicht machbar, aber wir können uns öffnen und zulassen, dass er geschehen kann und so der Boden für einen Verwandlungsweg bereitet wird.

Josua Boesch (1922–2012)
Josua Boesch war gelernter Gold- und Silberschmied sowie Theologe, der während 28 Jahren als reformierter Pfarrer in verschiedenen Kirchgemeinden in der Schweiz wirkte. 1979 gab er den Pfarrberuf auf und ging auf einen künstlerisch-spirituellen Weg, der ihn in einem benediktinischen Eremitenkloster und später in einer privaten Klause in der Toscana auf Reisen nach innen zum Schöpfer einzigartiger Ikonen und Meditationen werden ließ. Die letzten 15 Lebensjahre verbrachte er in Zürich.[1]

---

1 Simon Peng über Josua Boesch in »notabene« – reformierte Kirche Kanton Zürich, Nr. 3/2022.

Metallikonen

Die Metallikonen von Josua Boesch sind aus dem Schauen – aus der Kontemplation entstanden – mit der »Achtsamkeit des Herzens *erschaut und gestaltet«.*

Ikone ist das griechische Wort für *Bild, Ebenbild.* Im Unterschied zu den Ikonen der Ostkirchen sind die Metallikonen auf die einfachsten Formen – auf »Urformen«, auf »archetypische Formen« – reduziert. Sie sprechen tiefere Schichten in uns an.

Metallikonen sind nicht gemalt. Ihre Transparenz und ihre Farben entstehen im Feuer. Im Verschmelzungsprozess durch das Feuer geschieht Verwandlung zu ungeahnter Schönheit.

Immer wieder betont Josua Boesch, der eigentliche Künstler sei das Feuer. Für ihn sei es jedes Mal eine Überraschung, ein Staunen, wie seine Ikonen durch das Feuer verwandelt hervorkommen.

Zur Ikone »Heilender Einbruch«

Die Grundplatte dieser Ikone ist eine Keramikarbeit von der befreundeten Künstlerin Katharina Schuppli. Mit ihr zusammen gestaltete Josua Boesch mehrmals Ausstellungen in der Schweiz.

Beim Glasurbrand bekommt die Keramikplatte einen Riss und scheint unbrauchbar. Doch nicht für Josua B. Gerade den Riss, Bruchstellen sieht der Künstler als Impuls und Herausforderung, diese Keramikplatte als Grundlage einer Ikone zu bearbeiten. Er hat eine besondere Vorliebe für scheinbar wertlose, nicht beachtete, ja weggeworfene Gegenstände. Ausgerechnet auf das Unbeachtete fällt sein Auge. Mit Achtsamkeit und liebendem Blick nimmt er das »Missachtete« wahr. Ein schöpferischer Prozess beginnt in ihm und in der Stille seiner »Werkstatt« entstehen die Metallikonen. Jedes Mal eine neue Überraschung für ihn, wie die Ikonen dann aus dem Feuer herauskommen und in nicht geahnter Schönheit erstrahlen.

Josua Boesch sagt von sich, dass er selbst mit seinen Ikonen durchs Feuer gegangen sei. In den Rissen und Brüchen seines Lebens habe er heilende Einbrüche erfahren. Oft seien diese mit schmerzhaften Prozessen verbunden gewesen. Eindrücklich und bewegend nachzulesen ist dies in seinem *Tagebuch »Morgendämmerung« – Tagebuch einer Wandlung.*

Der Riss

Ein Riss, eine Bruchstelle gibt dem Künstler den Anstoß, etwas Neues zu schaffen. Warum sind Josua Boesch Risse oder Bruchstellen bei der Gestaltung seiner Ikonen so bedeutsam? Im sog. »Unbeachteten«, Wertlosen erkennt er Gottes Vorliebe für die gering Geachteten. Ausgerechnet in den menschlichen Schwächen, in unserm Scheitern, wird Gottes Kraft wirksam. Das ist Gottes Art, Geschichte mit seinen Menschen zu schreiben– damals wie heute.

Der Riss, die Bruchstelle ist sichtbar auf der Ikone *Heilender Einbruch*. Es wäre ein Leichtes für Josua B. gewesen, den Riss mit einem Metall zu überdecken, ihn unsichtbar zu machen, so dass die Keramikplatte vordergründig ganz und unversehrt ausgesehen hätte. Doch es ist vom Künstler bewusst gewollt, dass der Verlauf der Bruchstelle sichtbar bleibt. Parallel zum Riss – seinem Verlauf herunter – ist die Bewegung mit Gold nachgezeichnet. Das Gold fließt entlang dem Riss herunter. Himmel und Erde verbinden sich.

Gold symbolisiert das Göttliche, *Silber* den Menschen; *Messing* steht für das Alltägliche und *Kupfer* symbolisiert das Leiden.

So ist das mit dem *Heilenden Einbruch* des Göttlichen, dass unsere Bruchstellen, die Verletzungen im Leben nicht mit einem »Trostpflaster« zugeklebt werden: Nein, Gott begleitet uns liebevoll in unseren Verletzungen, bis sie verwandelt werden.

Die heilende Verwandlung

Die heilende Verwandlung entdecken wir auf der Ikone in der Gestalt, die sich im *Herzen* der Keramikplatte aufrichtet – aus der goldenen Linie entlang der Bruchstelle wächst sie, »auferstehungsleicht« richtet sich die Gestalt auf.

Eine Gestalt voller Lebendigkeit, Lebensfreude, Leichtigkeit, bewegt zum Tanz. Dort, wo in die Verwundungen in unserem Leben Göttliches hereinbricht, wo das Heilende Raum in uns nimmt, da beginnt sich in unserem Inneren, Entscheidendes zu verwandeln. Da werden wir aufgerichtet, erfüllt mit Freude, fühlen uns befreit zu neuem Leben. Innerlich und äußerlich in Bewegung gesetzt – befähigt zu neuen Schritten auf unserm Lebensweg, oder zum Tanzen bewegt, wie es die Ikone sehr lebendig zeigt.

Die heilende Verwandlung sucht sich ihren Ausdruck in uns als ganzen Menschen; sie findet Entfaltung im Schöpferischen Handeln; Lebensfreude, Lebenslust nehmen Gestalt, breiten sich aus und stecken unser Umfeld an. Tiefe Lebensfreude breitet sich aus; oder Trauer wird in Freude verwandelt. Es geschieht einfach so – ein göttliches Geheimnis.

Im Herzen um die auferstandene Gestalt beginnt Neues zu wachsen, ein Blütenkelch öffnet und entfaltet sich, von innen her zart und dann wie konzentrische Kreise öffnen sich die Blütenblätter mehr und mehr in die Weite über Grenzen hinaus in die ganze Schöpfung, sie verbinden sich mit Erde und Himmel. Der goldene Vogel, der über der tanzenden Gestalt schwebt, symbolisiert die Heilige Geistkraft.

Wir könnten in dem heilenden Einbruch auch einen Springbrunnen sehen, aus dem das Wasser sprudelt, Natur und Menschen erfrischt und belebt; unsere Sehnsucht, unsern Durst nach wahrem Leben stillt.

Den heilenden Einbruch im Leben zuzulassen, dafür braucht es »nur« unsere Bereitschaft und Offenheit, das Vertrauen in das Wirken der Heiligen Geistkraft.

Wo wir den *heilenden Einbruch* in die *Risse und Brüche* unseres Lebens zulassen und erfahren, da wird's uns österlich, auferstehungsleicht zumute, und das nicht nur an Ostern, sondern mitten im Jahr und mitten in unserm Alltag werden uns Auferstehungserfahrungen geschenkt. Wir erfahren uns aufgerichtet und aufrecht!

Zur »Ikone Gottes« werden

Durch den *heilenden Einbruch* werden wir zu dem Menschen verwandelt, wie wir von Gott von allem Anfang an gemeint waren und sind – *Ebenbild, Ikone Gottes werden.* Wir nehmen uns neu wahr, kostbar und einmalig und geschaffen. IKONE Gottes zu werden ist unsere wahre Berufung.

Ob wir uns das vorstellen können, dass die Bruchstellen im Leben von uns Menschen zum Kostbarsten, zu Perlen verwandelt werden, wenn wir den »heilenden Einbruch« durch den Auferstandenen zu- und geschehen lassen?

Hinweise zur Betrachtung der Ikone

Die Metall-Ikonen von Josua Boesch sind aus der inneren Schau, aus der Kontemplation entstanden. Im Feuer verschmelzen die Metalle und werden zu einer Einheit, erstrahlen zu ungeahnter Schönheit und Transparenz. »*Arte contemplativa: Der kontemplative Künstler schafft aus mystischer Betroffenheit. Keine Ikone, die nicht aus der Urberührung heraus entsteht*«.[2]

»Aus dem Betrachten in der Stille heraus können wir trächtig werden«, so hat Josua Boesch selbst bei Retraiten uns als Teilnehmende eingeladen. Es gehe ums Hindurchschauen und sich in einer tieferen Schicht seiner Seele berühren lassen und Verknüpfungen zum eigenen Leben zu entdecken. Wie die Ikonen im Feuer EINS werden, so kann auch im Betrachtenden Heilendes geschehen!

[2] Simon Peng in »auferstehungsleicht« unter : Berührt und betroffen vom UR-Du, TVZ 2022.

Hinweise zu den Metallen:
»Vier Metalle im Feuer verwandelt. Kupfer, Messing, Silber und Gold. Arte contemplativa. Kunst aus dem Schauen ohne zu wissen, was daraus wird. Sonst wählt einer nur reines Metall. Was hat schon Kupfer mit Gold zu tun, und Messing mit Silber? Das wertlosere würde den Wert des Kostbaren nur mindern. Aber jetzt kommt das Übergangene zu seltener Schönheit. Zu größerer Würde. Feuer hat beide verwandelt. Gold stirbt für Kupfer, und beide erstehen neu und ganz anders. Zur Einheit von beiden. Oder von vieren, warum sollte ER also nicht schweben, auferstehungsleicht?

Traum oder Wirklichkeit, das ist die Frage. Sind unsere Augen vielleicht nur blind? Vor lauter Bilder des Todes? Vor lauter Resignation? Vor lauter Theologie? Haben wir verlernt zu durchschauen, vor Schmerz und vor Elend?

Vielleicht liegt noch Heilkraft im Schauen, so dass unsere Wirklichkeit transparent wird auf eine größere Wirklichkeit hin.« [3]

Dietlind Schaale, Herrenberg, *Meditationslehrerin Via Cordis*

[3] Josua Boesch: Arte Contemplativa – von der Heilkraft aus dem Schauen, noah-verlag, Oberegg/CH.

Sprechende Ikonen

Rainer Maria Rilkes Religiosität

von Ulrich Koring

1. Gott will zu Worte kommen – mehr als Worte sagt ein Bild

Ohne das Wort **Gott** kommen Verkündigung und Lehre nicht aus – genauso wenig wie viele Ausrufe des Erschreckens oder der Entrüstung. Gott will Gehör finden und fürchtet nicht, im Gewirr unserer Worte unterzugehen. Im Gegenteil, sein Wort wirkt, was es sagt. Der prophetische Spruch: *»ko amar jhwh« (so spricht Jahwe)* enthält eine Botschaft, die mehr ist als eine Meinung, sie ist Wirkwort, *dabar*, genau genommen Gott selbst. Darum beginnt Johannes sein Evangelium: »Im Ursprung war der Spruch, und der Spruch war bei Gott, und Gott (= gottgleich) war der Spruch.«

Inmitten einer religiösen Umwelt voller Götterbilder sagt die Bibel: Gott passt in kein Bildnis. Deutlich und mit polemischer Schärfe wird in den prophetischen Schriften, in der Tora und in den Psalmen betont, dass der Gott Israels nicht ins Bild eingehen und seine Wirkmacht in rituellen Vollzügen darstellen und vergegenwärtigen wolle.

Inmitten einer religiösen Umwelt voller Götterbilder sagt die Bibel: Gott passt in kein Bildnis, sei es klein oder groß.

Während in der Bronzezeit die Repräsentanz der Gottheit im Kultbild selbstverständlich war, wird die Wirkmacht der Götter durch die prophetische Polemik als Verirrung abgewiesen und in der spirituellen Kritik der nachexilischen Ära verspottet. Denn die Bildnisse, die kultisch verehrt werden, sind »aus Holz geformt und mit Silber oder Gold überzogen« und entspringen menschlicher Vorstellung.

Unter drei Gesichtspunkten wird das Bilderverbot festgestellt: sakralrechtlich (Kult), kerygmatisch (prophetische Verkündigung) und spirituell (persönliche Frömmigkeit; Psalmen). Der Repräsentanz im Kultbild steht entgegen, dass sich der Gott Israels persönlich als Bundespartner offenbart und »Geschichte geschrieben« hat: Er hat Abraham und Sara die Verheißung gegeben; das Volk aus der Knechtschaft befreit und ins Land geführt; für seine Segnungen erwartet er Respekt und Dank (Gn 12; Ex 14; Ps 78; Dt 4). Gott kennzeichnet sich selbst durch sein Tun: »... der dich aus Ägypten geführt hat – darum wirst du dir kein Kultbild machen...«.

Die prophetische Kritik sieht in der Beteiligung an der kultischen Verehrung der Götter anderer Völker einen Verrat an der Exklusivität Gottes, noch dazu wird der Gott Israels erniedrigt in eine ihm zugeschriebene Rolle. Das kultische Fremdgehen wird als Halbherzigkeit und utilitaristische Verzweckung gebrandmarkt. Den Gott der Väter und Mütter, den Gott vom Sinai und Zion neben andere Götter zu stellen, bedeutet, ihn in die von anderen Göttern repräsentierten Leit-Interessen einzuordnen: in Macht, Erfolg, Wirtschaftswachstum, Wohlstand. Die unvermeidliche Folge zeigt sich ganz legitim in sozialen Verwerfungen: Der Stärkere setzt sich durch; Sachzwänge haben Vorrang; der Egoismus blüht.

Die persönliche Frömmigkeit der ›Saddikim‹ und ›Anniwim‹ (Gerechte, Fromme, ›Gebeugte‹, vgl. Psalmen) fasst die soziale und wirtschaftsethische Kritik mit den historischen Aspekten der Bundesverheißung und des Bundesbruchs zusammen und stellt beide ins Licht der ungetrübten Verbundenheit: *sola gratia, sola fide, sola lege, sola caritate, sola dilectione - ad maiorem Dei gloriam* (allein Gnade, Glaube, Recht, Erbarmen, Liebe – zur Ehre Gottes).

Gott zu lieben mit ungeteiltem Herzen, mit ganzer Seele und ungeteilter Kraft, das findet seine Erfüllung in dem Satz: »Ich will bei dir wohnen« (Sach 2,14) oder in dem Satz: »Bleibt in mir wie ich in euch, denn ohne mich könnt ihr nichts tun« (Jh 15).

Diese spirituelle Gegenwart Gottes in unserem Leben hatte der ›Bilderstreit‹ im 8. Jh. nicht mehr vor Augen und hat auf ein verbreitetes Missverständnis, Gott werde aus der Unverfügbarkeit in die funktionale Realität geholt, mit Zerstörung reagiert.

Sowohl Mystik als auch Aufklärung schützen uns heute davor, Bildnisse zu verehren, als wären sie die Verkörperung Gottes im Sichtbaren. Dennoch sind auch wir aufgrund des heute vorherrschenden begrifflichen Denkens nicht gegen ein verdinglichendes Missverstehen gefeit.

Oftmals treffen wir bei engagierten wie bei distanzierten Menschen ein historisierendes verdinglichendes Denken an: von der Schöpfung als Herstellung der Welt über Mose, der die von Gottes Finger beschriebenen Steintafeln vom Gottesberg herabträgt und dem Volk vorlegt, bis hin zu Jesus, der am Kreuz vermeintlich ein Selbstopfer darbringt, immer wieder mit seinen Jüngern isst und trinkt und nach 40 Tagen in den Himmel entschwindet.

Unter einer ähnlichen, vordergründigen Un-frömmigkeit hat Josua Boesch gelitten. In Predigt und Paraphrase biblischer Texte hat er ausgedrückt, was er glauben und leben konnte. Als er anfing, die Gegenwart Gottes ohne Worte als Dialog von Material, Form und Farbe auszudrücken, da befreite sich die Form von der massiven Körperlichkeit – entmaterialisiert traten Lichtgestalten hervor, eine Körperlichkeit voller Geist und Leben. Der Mensch, der vor dem Angesicht Gottes tanzt, war geboren.

Ebenbild Gottes sollen wir sein, transparente Entsprechungen, spirituelle Schriftzeichen, einer dem anderen ein »Gesalbter« – indem wir einander anleiten, Gott mit dem ganzen Leben zu entsprechen.

Josua Boeschs Ebenbilder kommen aus der Anbetung und führen in die Anbetung. Sie erzählen von Gott, sie laden ein und leiten an, inmitten von Unrecht und Unheil transparent zu werden und zu leuchten in der Entsprechung zu Gott.

Ebenbild Gottes sollen wir sein, transparente Entsprechungen, spirituelle Schriftzeichen, einer dem anderen ein »Gesalbter«.

2. Gott will zu Wort kommen – und scheut nicht, Urbild des Menschen zu sein und sich in der Entsprechung zu offenbaren

Betrachten wir kurz, welche Akzente im christlichen Glaubensverständnis vorherrschen und welche Glaubenserfahrung die Heiligen Schriften vermitteln:

Die Dogmatik als Entfaltung der Glaubenslehre hat häufig übersehen, dass ihr sprachlich-theoretischer Gegenstand ungegenständlich, unverfügbar, immateriell und metaphorisch ist. Jede religiöse Überlieferung lebt vom Spannungsverhältnis von Vordergrund und Hintergrund, von Außenseite und Innenseite, von Kult und Leben. Die Überlieferung von Selbst- und Gotteserfahrung innerhalb der Bibel vollzieht sich in mehreren sich steigernden Stufen von Metaphorik, d.h. bewährte Metaphern werden zum Kristallisationskern für neue, ebenfalls nur sinnbildhaft auszudrückende Glaubensinhalte. Z.B. wird Gott als Hirte erfahren und geglaubt. Die Komplementärseite spricht von Gott als König. Beide Bildinhalte verschmelzen in der Anwendung der Metapher auf Gott.

Dieser Jahwe-Gott stellt sich als ein Gott der Vor-Väter und -Mütter dar, der ein großes Zukunftsversprechen abgegeben hat: Er will Land und Segen und Nachkommen, also sicheren Bestand gewähren. Zugleich beschreibt er sich als Befreier und Führer. Hirte, König, Befreier, Führer und Segensquelle – so allumfassend, dass er nichts Gottgleiches neben sich duldet, keine in subjektivem Interesse definierten Prioritäten.

Diese wenigen Sinnbilder lassen nicht nur einzelne Aspekte der Gotteserfahrung aufleuchten, sondern in jedem einzelnen schwingen und klingen die anderen mit. Sie werden zum Gerüst für weitere Sinnbilder.

Der hirtenhafte König ›im Himmel‹ hat ein irdisches Pendant, den König auf dem »Thron Davids«. Gott ist der Vater aller Nachfolger Davids, der Zionskönig ist sein Sohn: »Heute habe ich dich gezeugt.« (Ps 2; Ps 110)

Der ›Himmel‹ meint die Kraftsphäre der Ruah, der Leben einhauchenden Schöpferkraft; sie ist mit Gott identisch. Personifizierend wird erzählt: Die Ruah brütet wie eine Henne über dem Chaos – und heraus kommt Kosmos, Ordnung, Schönheit; bei so intensiver Zuwendung ein wahres unendliches Wunder. Gott gibt seinen Geist den Propheten, so dass sie Gotteswort in Menschenworte fassen und aussprechen.

Der unfasslich Allumfassende mischt sich sogar unters Volk, besucht Abraham unter der Terebinte, verbietet dem Abraham das Menschenopfer, kämpft einen Ringkampf mit Jakob, begegnet ihm im Traum, nimmt den Mose mit seiner inneren Widersprüchlichkeit in Dienst, indem er ihm zeigt, dass gerade in dem, was ihn sticht, die Kraft der Liebesglut wohnt: *Ärgere dich nicht, dass der Eifer für Gerechtigkeit Dornen trägt, sondern wundere dich, dass die dornigen Realitäten Flammen der Begeisterung und Zuversicht tragen – dass die Dornen blühen und glühen.* (Ex 3)

Hosea erinnerte die Gemeinde daran, dass sie mit ihrem Gott durch den Väter-Bund und Sinai-Bund in einer herzinnigen Vertrautheit steht, die einer Ehe gleicht; weil sie aber ihr Herz an andere Prioritäten hängt, klagt Hosea sie als treulose Ehefrau an, die ständig fremdgeht und sich auf jeden Baal einlässt.

Ob Ehefrau, ob Sohn, Gesalbter und ›Gottesknecht‹ (= Premierminister), die irdische Gestalt Israels und aller Gläubigen gleicht dem Gras, das geschnitten wird, der Blume, die verwelkt. (Jes 40) Alles ist Totengebein – doch erneut fährt der Lebensatem Gottes darein. (Ez 37) Versteinerte Herzen werden in einer allumfassenden Heilung aus der Brust genommen und durch lebensfähige ersetzt. Die Tora schreibt Gott nicht mehr auf Stein, sondern ins Innere. So begründet und vollzieht er den Neuen Bund. (Ez 36)

Weil sich der jüdische Glaube an Gott nicht in die Interessen und Ansprüche der Mächtigen integrieren lässt, nimmt das Bild vom ›messianischen Sohn im königlichen Hirtenamt‹ die Züge des Martyriums an.

Weil sich der jüdische Glaube an Gott nicht in die Interessen und Ansprüche der Mächtigen integrieren lässt, nimmt das Bild vom ›messianischen Sohn im königlichen Hirtenamt‹ die Züge des Martyriums an: »Sie werden auf den schauen, den sie durchbohrt haben.« (Sach 12)

Alle diese Erfahrungen sind Potenzierungen von ursprünglichen Metaphern. Die Metapher ›Sohn‹ erweitert sich vom Individuum auf das Kollektiv: Ganz Israel ist Gottes Sohn. Die Metapher vom Thron Davids, der ewig besteht, löst sich von irdisch-historischer Realität und geht in die Geistsphäre über. Die Inthronisation »Setze dich zu meiner Rechten« geschieht ganz im Jenseits-Raum: »Einer, der aussah wie ein Mensch« wird auf den Wolken des Himmels vor den Thron des Höchsten gebracht, ihm wird die ewige Herrschaft übergeben. (Dan 7)

Foto: Rolf Gerlach

Je weiter sich die Metapher ›Sohn‹ von Glanz und Gloria der irdisch-historischen Messianität entfernt, desto mehr nimmt sie die Konturen des Menschensohnes an, der als neuer Mose die neue Tora lehrt: die Seligkeit derer, die »überwinden«. (Off 2,7; 3,5.12.21) Die neue Tora bringt nicht den ›Zorn‹ Gottes, sondern sein Erbarmen zur Geltung. Als neuer Mose preist Jesus die selig, die gewaltlos leben, die im Leiden sanftmütig bleiben (Mt 5). Der Sohn verkündet: »Der Vater und ich sind eins. Ich rede, was ich vom Vater empfangen habe.« (Joh 10,30; 8,38)

Der Sohn ist so sehr Mensch, dass er von den Gehässigen und Mächtigen jegliche Erniedrigung erleidet und wie eine Mücke zerdrückt wird. Der Sohn ist so sehr Gott, dass er Sünden vergibt und

Gebrechen heilt und vom Tod auferweckt. Er ist die Zuwendung Gottes zur Welt schlechthin, der alles hervorbringt: »Alles ist durch ihn geschaffen, und nichts ist geschaffen ohne ihn« (Konzil zu Nicäa, 325).

3. Gott will zu Wort kommen – und tritt als der Ewige in die Zeit und wandelt Sterben in Auferstehen

Alle diese Mosaiksteinchen geben dem Glauben Jesu Kontur und Farbe. In diesem Glauben ist der Sohn der Maria aufgewachsen und hat ihn als Rabbi vorgelebt – in diesem Glauben ist er gestorben. Alles ›Neue‹ kam ihm aus dem entgegen, was wir mittels einer historischen Abgrenzung fälschlich *Altes Testament* nennen.

Der erste, der an seine Auferstehung glaubte, war ER selber, denn er feierte sie auf dem Hintergrund der großen Befreiungserfahrung Israels »am Abend, da er verraten wurde und mit seinen Jüngern zu Tisch saß. Da nahm er das Brot, dankte und brachs, gabs ihnen und sprach: Nehmt und esst: mein Leib. Ebenso nahm er den Kelch, dankte, gab ihnen den und sprach: Trinkt alle daraus. Dieser Kelch: der Neue Bund – kraft meines Lebens, das ich hingebe.«

Seine bleibende Gegenwart im Leben derer, die ihm nachfolgen, erleben die Jünger, als der ›unbekannte Zeuge‹ mit ihnen in Emmaus Eucharistie feiert und als der Auferstandene am See Genezaret ihnen das Mahl bereitet.

Wir stehen definitiv in der österlichen Perspektive.

Als Gemeinde Jesu Christi schauen wir ›mit den Augen der Frauen, denen er sich offenbart hat, und mit den Augen der Jünger, in deren Mitte er erschienen ist‹ auf den Auferstandenen. Wir stehen definitiv in der österlichen Perspektive. Doch manchmal entsteht aus Liedern und Lehrgewohnheiten der Eindruck, als wären wir die Augenzeugen der Kreuzigung.

Gewiss, es gibt keine Verkündigung der Auferstehung, die den Tod am Kreuz vergessen könnte. Es ist eben der Gekreuzigte, der – aus dem Tod auferweckt – uns begegnet und ›alle Tage bei uns‹ ist. Aber welche Inhalte kommen in den vier römischen Kanones (Hochgebeten) und im Messbuch der EMB zur Sprache und in welcher logischen Verknüpfung stehen sie zueinander?

Es geht mir hier nicht darum, einzelne Formulierungen aufzuspießen, die man so oder so hören und Vorstellungen assoziieren kann. Ich möchte einen Gesichtspunkt hervorheben, der zumindest überproportional in den Hochgebeten zum Ausdruck kommt: Das ist die Erlösung. Wie ein Vorzeichen in der Notenschrift einen Ton erhöht oder erniedrigt, so bewirkt die Erlösung, wie wir uns selbst verstehen: als durch ein Opfer errettete Sünder.

Stimmt es denn, dass wir mit Gott-Vater den Schöpfer adressieren, mit Gott-Sohn den Erlöser, mit Gott-Geist den Tröster? Damit sind zwar Charakteristika innerhalb der Drei-Personalität gemeint – aber eben doch nicht so, dass daraus ein Welt-Drama entstünde: Auf die Schöpfung folgt der Sündenfall, darauf die Erziehung durch das Gesetz, dann tritt der Gnadenakt der Erlösung in Kraft, schließlich der Empfang der Geistkraft zum Trost und zur Vollendung.

Diese schlichte Aneinanderreihung erlaubt es, (kontemporäre) Schwerpunkte in der Gotteserfahrung hervorzuheben. Das Denkschema der Reihenfolge allerdings ist gar nicht Bestandteil der einzelnen Themata (Schöpfung – Sündenfall – Erlösung). Das Denkschema der Reihenfolge ist in der Zeit der Patristik zur Norm geworden, die anzeigt, wo wir stehen: belastet von Sünde, der Gnade bedürftig und der Erlösung teilhaftig. So entstand das Glaubensverständnis der Kirche.

3.1 Gott will zu Wort kommen: Wo viel Sünde, da ist noch mehr Gnade.

Die Kirchenväter hatten für Ursprung und Gewicht der Sünde ein prägendes Vorbild: Die ›typologische Auslegung‹ der Heiligen Schriften; sie wurde im Judentum des 1. Jh vor Chr. und von Paulus praktiziert. Paulus schreibt:

> Wie durch die Sünde des Einen die Verdammnis über alle Menschen gekommen ist, so ist auch durch die Gerechtigkeit des Einen für alle Menschen die Rechtfertigung gekommen, die zum Leben führt. Denn wie durch den Ungehorsam des einen Menschen die Vielen zu Sündern geworden sind, so werden auch durch den Gehorsam des Einen die Vielen zu Gerechten. (Röm 5,18.19)

Der Eine, Adam, *der von Erde*, gilt ihm als Ur-Mensch und Repräsentant aller Menschen. Er ist gleichsam der *Fatal-Typ*, der immer Probleme macht, der die Verführbarkeit verkörpert. Ihm gegenüber steht der Ideal-Typ Christus, der in allem Gott entspricht, also sein wahres **Ebenbild** ist: »Christus ist das Ebenbild des unsichtbaren Gottes, der Erstgeborene der ganzen Schöpfung.« (Kol 1,15)

Paulus zeichnet in Rom 5 ein negatives Menschenbild: Ungehorsam, sündig, verdammt und dem Tod verfallen sind die Menschen. Keine gute Tat und noch so große Leistung kann das An-sich-selber-Kleben (= Sünde) wegnehmen, das kann nur die Gnade, die geschenkte Anerkennung und Annahme.

Keine gute Tat und noch so große Leistung kann das An-sich-selber-Kleben (= Sünde) wegnehmen, das kann nur die Gnade, die geschenkte Anerkennung und Annahme.

Weil sie sündigen, haben alle Menschen die Ebenbildlichkeit verloren; insofern sind sie alle defekt, meint Paulus. Er ignoriert, dass die Gottähnlichkeit aber in vielen Hinsichten besteht: Sie sind und bleiben Gottes Geschöpfe, er liebt sie – andere, bessere hat Gott nicht. Sie sollen tun, was der Schöpfer selber tut: die bewohnbare Welt bebauen und bewahren. Gott geht seinen Menschen nach, er sorgt für sie. Sogar dem Mörder (Kain) gewährt Gott Gnade. Und immer wieder schließt er mit ihnen einen Bund.

Um die Gnade groß zu machen, macht Paulus die Sünde schwer. Für das negative Menschenbild kannte Paulus eine Vorlage aus der Mitte des 2. Jh vor Chr:

> *»Ach Adam, was hast du getan! Als du sündigtest, kam dein Fall nicht nur auf dich, sondern auch auf uns, deine Nachkommen.« (4. Esra 7,118)*

Hier tritt zum ersten Mal die Redewendung »in Sünde fallen« auf, die die Sprachbildung in Beichte, Lied, Liturgie und Predigt bis in die Gegenwart stark bestimmt.

Den steilen Satz

> *»Wie durch* einen *Menschen die Sünde in die Welt kam und durch die Sünde der Tod, so ist der Tod zu allen Menschen durchgedrungen,* weil *sie alle gesündigt haben.« (Röm 5,12)*

versteht Augustinus dahin, dass alle auf der Anklagebank sitzen, weil sie Kinder Adams sind. Denn von einem Sünder kann kein Gerechter abstammen. Augustinus sieht die Kette der Generationen: Jeder sündigt, niemand hat es besser gelernt. Deshalb spricht Augustinus von der Erbsünde.

Die mythologisch geprägte Erzählung (Gen 3) von der Verführung zur Selbststeigerung (»sein wie Gott«) und zum Vertrauensbruch schildert das Wesensmerkmal der Verführbarkeit und der Selbsttäuschung.

Sünde ist Absonderung von Gott, Aufkündigung der Beziehung, Bundes- und Vertrauensbruch. Auf die Bereinigung der gestörten Beziehung als Grundmerkmal für die Haltung des Menschen gegenüber Gott hat der das Vertrauen brechende Mensch kein Anrecht. Gott selber ist daran interessiert und ›bemüht‹ sich um Bereinigung; er gewährt Sühnung, Wiedergutmachung. Diese beginnt mit einer Sühnegabe, dem Zeichen einer stellvertretenden Selbst-Hingabe.

Die Bedeutung des Bundes- und Vertrauensbruchs hat das Israel am Ende der Königszeit mit der Katastrophe der Zerstörung und Deportation erfahren und begriffen. Im erneuerten Bund geht jeglicher kultischen Begegnung mit Gott ein Reinigungsritus vorauf; Sühnen/*kippär* meint ursprünglich das Reinigen von Kultgefäßen. Auch außerhalb des Kultes vollziehen z. B. die literarischen Schuldbekenntnisse Neh 9, Esra 9, Dan 9 sowie einige Psalmen eine ähnliche Grundreinigung.

Als mit der erneuten Zerstörung Jerusalems alle Opfer und somit auch die rituelle Sühnung aufhören und trotz fundamentalistischer Träumerei von der Wiederherstellung des Tempels auch nicht wieder aufleben sollten, da sehen die, die an das Leben des Gekreuzigten glauben, keinen Verlust im Abbruch der Tempelopfer. Vielmehr verkünden sie: »Wir haben einen Hohepriester im Himmel – der hat sein eigenes Leben für uns dahingegeben.«

Wir erinnern uns: Das jüdische Glaubensleben kannte nach Bewahrung und Errettung den Ritus der Dankfeier. Diese »eucharistische Frömmigkeit« war bereits ein Glaubensakt voller Metaphorik. In noch viel höherem Maß entwickelt sich der Tempelkult mit dem Sühne-Ritual zu einer Aufhäufung und Verschachtelung von Metaphern. Erneut vollzieht der Hebräerbrief eine metaphorische Steigerung aller altbewährten Sinnbilder der Gotteserfahrung.

4. Gott will zu Wort kommen – hören wir seine Stimme?

Kein Wunder, wenn viele Leserinnen und Leser diese gerafften Andeutungen wie ein Gebirge wahrnehmen. Und das ist es auch, eine Gebirgslandschaft, die im zweiten und ersten vorchristlichen Jahrtausend herangewachsen ist und im ersten Jahrhundert nach der Geburt des Jesus von Nazaret in den vom offiziellen Judentum verfolgten Gemeinden unter der Führung der Apostel seine Blüte erreicht hat, über die hinaus die Überlieferung des Glaubens in seither 2000 Jahren keine Steigerung erfahren hat.

Häufig jedoch sind in die Überlieferung des Glaubens Verlust und Erstarrung eingedrungen, auch Segmentierung und Verfälschung. Verfälschung ist nicht nur den sogenannten Ketzern anzulasten – sie haben oft sogar einen Aspekt gegen die machtausübende Mehrheit verteidigt, den diese übersehen, vergessen oder missverstanden hatte.

Wir stehen heute am Ende einer 1700-jährigen Wegstrecke der Überlieferung und Enkulturation des Glaubens in europäische Verhältnisse.

Wir stehen heute am Ende einer 1700-jährigen Wegstrecke der Überlieferung und Enkulturation des Glaubens in europäische Verhältnisse.

Viele Christen lesen die Bibel ganz vordergründig zum Direktgebrauch, sie lesen und verstehen sie fundamentalistisch, sozioideologisch, vulgär-politisch. Das tun nicht erst heutige Egomanen, das taten schon die Pilgrim-fathers, die Conquistadores Amerikas oder diejenigen, die die Wiederkunft des Herrn errechnet und sich verrechnet hatten.

Solchen Missbräuchen der Überlieferung ist eine Verdinglichung der Inhalte eigen. Was am Exzess schnell einleuchtet, fällt an der Normalform nicht auf, weil ja alle so denken, reden schreiben, feiern. Aber wenn es alle tun – ist es deshalb auch richtig?

Die Theologie der ›konstantinischen Ära‹ – angefangen mit den Konzilsvätern, formvollendet in der Scholastik, dynamisiert in der Reformation, erstarrt in der Lutherischen Orthodoxie, verflacht im Materialismus – redet von Gott wie von den Ereignissen in Raum und Zeit in der Sprache des Greifbaren. Sie artikuliert sich in einem ontologischen Blickwinkel, d.h. sie fragt nach dem *Seinsgrund*. Dabei geht oft die Bildhaftigkeit verloren, das Ungreifbare wird zum Bestandteil der sichtbaren Welt. Weil wir gelernt haben, dass Hitze und Kälte, Luft, Strahlung und Schwerkraft unsichtbar sind, und doch zugleich real erfahrbar und physikalisch verstehbar, darum denken wir uns das Unsichtbare im Religiösen auch als real wie die Welt der Physik.

Die Frage nach dem Seinsgrund zu stellen bzw. Gott als den Grund alles Seins zu bekennen ist durchaus im Sinn der geglaubten Überlieferung. Aber es bleibt die Frage zu stellen, was mit Seinsgrund gemeint ist.

Auch dieses Problembewusstsein ist nicht neu. Gerade als die »Verdinglichung« Gottes in der Rolle des Weltrichters Angst und Schrecken über die Gläubigen ausbreitete und den Aberglauben des Freikaufs von Sünden hervorbrachte, kehrten Prediger wie Eckhart, Tauler, Seuse u.a. die Verkündigung um: Statt immer größere Begriffsgebäude in den Köpfen zu errichten, muteten sie ihren Hörern zu, alle Vorstellungen von Gott aus den Köpfen zu entfernen und leer zu werden. Denn Gott können wir nicht in den mitgebrachten Gefäßen fassen, sondern nur selber zum Gefäß für Gottes Wirken werden.

Die Spuren der Verinnerlichung gehen weiter zu Silesius, Zinzendorf, Spener bis in unsere Tage. Die Berneuchener Bewegung hat an beidem Teil, an der Sprache und den Wegen der Verinnerlichung, aber auch an der verdinglichenden Verkündigung der Erlösung und der Reglementierung der Liturgie.

Evangelisches und katholisches Glaubensverständnis haben sich dank intensiver ökumenischer Begegnung und Bemühung darin getroffen, dass die Rechtfertigung *sola gratia* Konsens geworden ist. Jedoch ist das zu wenig, wenn man damit nur den Streit um die Wirksamkeit der Werke ad acta legt. Die Rechtfertigung *aus* Glauben bleibt eine Floskel, wenn ihr nicht Leben *im* Glauben folgt. Ein Glaube, der ohne Früchte bleibt, würde nur das gnadenwirksame Tun vom Menschen auf Christus verlagern. »Der den Gehorsam erfüllte, nahm von uns unsere Sünde«. Das aber ändert doch nichts an unserer Lebenswirklichkeit. So bleibt die Gnade außerhalb, auch die Errettung dringt nicht in uns.

Die Rechtfertigung **aus** *Glauben bleibt eine Floskel, wenn ihr nicht Leben* **im** *Glauben folgt.*

4.1 Gott will zu Wort kommen - und unser Leben verwandeln.
Deshalb denken wir über das Verhältnis von »salus extra nos« und »in nobis« nach:

> *»Ein Christenmensch lebt nicht in sich selbst, sondern in Christo und seinem Nächsten, in Christo durch den Glauben, im Nächsten durch die Liebe; durch den Glauben fährt er über sich in Gott, aus Gott fährt er wieder unter sich durch die Liebe, und bleibt doch immer in Gott und göttlicher Liebe.« (Martin Luther, Von der Freiheit eines Christenmenschen, 1520)*

Der Externitätsbezug des Glaubens betrifft seine Konstituierung sowie seinen Vollzug und seine Folgen: Der Glaubende empfängt sich selbst von Gott und verlässt sich doch zugleich auf Gott und den Nächsten hin. (Hans Peter Grosshans, Hermeneutische Blätter 1, 2003)

Indem Luther mit dem vierfachen Pochen auf die *conditio sine qua non* den Ursprung und Wesensgrund des Heils außerhalb jeglicher Selbstwirksamkeit betont, schließt er alle Versuche der Selbstrechtfertigung und Selbstoptimierung aus. Das kann als Ungenügen und salutarische Ohnmacht erfahren werden, aber auch als Entlastung und Befreiung vom Zwang zur Selbstverwirklichung.

Der Mensch kann also nicht Ursprung und Schöpfer seiner eigenen Rechtfertigung sein. »Ausgeschlossen werden soll der Mensch freilich gerade mit dem Ziel, dass er in rechter Weise einbezogen wird in das Geschehen seiner Rechtfertigung.« (Eberhard Jüngel, Das Evangelium von der Rechtfertigung des Gottlosen als Zentrum des christlichen Glaubens. Tübingen ^{3}2000, 127)

Wie wir einerseits auf den Ausgangspunkt der Rechtfertigung achten, so müssen wir auch ihren Zielpunkt betrachten: Dem sich auf Christus hin Verlassen entspricht das sich von Christus her Empfangen:

Das Evangelium teilt uns das Kommen Gottes *in* unsere Welt und *in* unsere jeweilige Lebenswirklichkeit mit. *In uns* gibt Jesus Christus uns an seinem Leben und der uns geschenkten Gerechtigkeit Gottes teil. Die Verkündigung der Frohen Botschaft als *viva vox* Gottes stellt eine Beziehung zu Jesus Christus her, »durch die es zu einer *ex-zentrischen Existenz* im Glauben kommt« – dergestalt, dass ich mich »von der Gegenwart Jesu Christi in und bei mir« bestimmt erfahre. »Der Christus *extra nos* kommt durch den Glauben *in nobis*, so dass ein Glaubender in sich auf den zu ihm kommenden Christus bezogen ist... Durch die Gegenwart Christi in und bei ihnen, sind die Glaubenden hin und weg. Mit dem Christus *in uns* sind wir *außer uns.«* (Hans Peter Grosshans, Hermeneutische Blätter 1, 2003*)*

In gleicher Weise sind wir im Glauben auch auf die Mitmenschen und Mitgeschöpfe ausgerichtet. Der Glaube führt uns in unserem Lebensvollzug nicht in ein Ghetto der frommen Selbstgenügsamkeit, sondern hinaus in die Begegnung und Zuwendung. Sind wir einerseits tief in Christus gegründet, so sind wir andererseits intensiv auf die Welt ausgerichtet.

In Mitgefühl, Respekt, Mitverantwortung und Liebe wendet sich der Glaubende von sich selbst ab und seinen Mitmenschen und Mitgeschöpfen zu.

In Mitgefühl, Respekt, Mitverantwortung und Liebe wendet sich der Glaubende von sich selbst ab und seinen Mitmenschen und Mitgeschöpfen zu. Das besagt schon die prophetische Trias: »Es ist dir gesagt, was gut ist und was Gott von dir fordert: Gottes Wort halten, Liebe üben und sorgfältig in seiner Fußspur weitergehen. (Micha 6,8)

In dieser Weise ist Jesus von Nazaret mit offenen Augen durch die Welt gegangen: »Als er das Volk sah, jammerte es ihn; denn sie waren verschmachtet und zerstreut wie die Schafe, die keinen Hirten haben.«

5. Gott will zu Wort kommen – wir selbst sollen zu Wort und Brot und Licht werden

Josua Boesch hat in den zwei Jahrzehnten, die der Predigt, der Unterweisung und Seelsorge gewidmet waren, natürlich die Rechtfertigung aus Glauben verkündigt. Er hat sich besonders sensibel und offen gezeigt im Umgang mit Leiden und Schmerzen – den eigenen und denen der anderen. Fern von jeglicher Verherrlichung und Verharmlosung des Leidens hat er den Schmerzen und Wunden Raum und Akzeptanz gegeben. Aus Tränen werden Perlen der Barmherzigkeit Gottes. Dieses Leitbild der Verwandlung geht auf Hildegard von Bingen zurück.

Josua Boesch gestaltet den Auferstandenen gleichwie die Menschen, die durch ihn verwandelt werden, als filigrane geschwungene Linie. Die Wundmale an Fuß und Hand sowie der Seite sind durch eine Vergoldung markiert. Diese Formgebung in Silber und Gold auf Messing-Grund ist mehr ein künstlerisches Schriftzeichen als ein fassbarer Körper. Die einem Seiltänzer ähnliche Haltung drückt das transparente und transzendente Sein des Christus aus – so unfassbar wie der Auferstandene, der durch verschlossene Türen in den Kreis der Gläubigen eintritt.

Während sich das Glaubensverständnis in Bedingungen und Prozessschritten verlieren kann, tritt in der Ikone alles in ein gleichzeitiges Nebeneinander. Das Prozedere geht nicht unter, aber es wird deutlich, dass der Schritt Teil eines größeren Ganzen ist. Wer aus sich herausgeht und ganz auf den auferstandenen Christus eingeht, wird selber verwandelt in ein neues Sein.

Das Grundbekenntnis: »Christus ist um unsere Sünde willen gestorben und um unserer Gerechtigkeit willen vom Tod auferweckt« liegt eingebettet in den größeren Horizont von Schöpfung und Neuschöpfung.

Wir sollten stets sorgfältig die Eigenart der metaphorischen Rede beachten, denn sonst würden wir dem historischen Ereignis der Exekution, d.h. dem Erstickungstod am Kreuz als einer öffentlichen Zurschaustellung eines qualvollen Sterbens eine Heilswirkung zuschreiben.

Insbesondere müssen wir auf den sakralrechtlichen Fachausdruck und seine richtige Wiedergabe achten: »Gott hat den, der von keiner Sünde wusste, für uns zur Sünde gemacht« lautet die buchstäbliche Wiedergabe des griechischen Wortlauts.

Das Griechisch hat nur ein Substantiv, um Sünde zu benennen: *hamartia*. Was aber heißt: jemanden zur Sünde machen?

Beachten wir den Unterschied: Das Urteil des Pilatus macht den Angeklagten zum Sünder und des Todes schuldig, obwohl Pilatus ausdrücklich feststellt: »Ich finde keine Schuld an ihm.« Paulus aber sagt, was Gott aus dem Verschmähten und in seiner Qual Erstickten gemacht hat; er sagt es wiederum auf einer metaphorischen Ebene: »Gott hat den, der sich keiner Todsünde schuldig gemacht hat, für uns zur *Ent-Sündigung* gemacht.« (2 Kor 5,21)

Das hebräische Wort, das *hamartia* gegenübersteht, wird von der Wurzel *het* aus gebildet und mit Umlautungen (*hatta, hattaah, hattat*) auch inhaltlich differenziert; *hattat* meint den Vorgang, die belastende Sünde aus der Welt zu schaffen, also die Entsündigung. Dieser Vorgang setzt voraus, dass – um der sündhaften Verfehlung entgegenzuwirken – ein Lebendes »ohne Fehl« aufgeboten werden muss: Gott hat den, auf dem keine Verfehlung lastete, für uns zur Aufhebung der Sünde/zur Bereinigung, Entsündigung gemacht.

Die Ikonen Boeschs zeigen uns, worauf es ankommt: Wir sollen Keimzellen der Versöhnung sein. Wir sollen zur lebendigen Ikone werden – aus den Mächten des Todes auferstehen und ein Gott entsprechendes, vom Heiligen Geist erfülltes Leben führen und *schalom* – Heil und Barmherzigkeit und Gerechtigkeit in die Welt tragen.

Die Ikonen Boeschs zeigen uns, worauf es ankommt: wir sollen Keimzellen der Versöhnung sein. Wir sollen zur lebendigen Ikone werden [...]

Josua Boeschs Ebenbilder Gottes künden eine unzerstörte, eine heilvolle Ebenbildlichkeit. Auch der Mörder und Verräter; auch Kain und Judas, sind trotz ihres sie entstellenden Tuns Menschen und Kinder des Schöpfers. Nicht mehr und nicht weniger als sie sind auch wir sündig und zugleich gerecht gemacht.

Die Frohe Botschaft vom Heil versteht die ganze Schöpfung als sowohl vom Heil erfüllt als auch des Heils bedürftig. Adam ist in uns gegenwärtig genauso wie Christus.

Josua Boeschs Ikonen laden uns ein und leiten uns an, die Neigung zur Materialisierung der Gnade zu erkennen und nicht der Fixierung der Heilsgewissheit im »externen Handeln Gottes« zu erliegen und gleichzeitig die wirkmächtige Gegenwart des »Christus in uns« zu versäumen. (Gal 2,19; 4,19)

Daraus sind Konsequenzen zu ziehen für unser Zugewandtsein, für unser Gebet und Gotteslob, für Seelsorge und Eucharistiefeier.

Können wir anders glaubwürdig und mitteilsam als »auferstehungsleicht« leben?

Ulrich Koring ist Pfarrer i. R. in Heilbronn und Mitglied der Gemeinschaft Sankt Michael.

Wenn ich mich erinnere an Josua Boesch

von Walter Wickihalder

Der Pfarrer und Goldschmied Josua Boesch – es ist 50 Jahre her, als ich ihm als junger Vikar ein paar Mal begegnete und ihn nach einem Jahr wieder aus den Augen verlor.

Damals war Josua Boesch Pfarrer an der stattlichen Kirche des Bezirkshauptorts Affoltern am Albis, im »Säuliamt«, wie diese Region hinter dem Zürcher Albis heisst.

Mein Vikariatspfarrer – in der Kirchgemeinde Stallikon-Wettswil, wo Josua Boesch selbst zehn Jahre Gemeindepfarrer gewesen war – war ein Freund von ihm, wie er erfüllt von der ökumenischen Gebetsfrömmigkeit in Taizé. Er nahm mich regelmäßig mit am ersten Mittwoch des Monats, wenn Josua Boesch in seine Kirche einlud zum »liturgischen Morgenmahl« für das Kollegium – mit anschließendem Frühstück an reich gedecktem Tisch: frisch gebackene Brötchen mit süßer Erdbeerkonfitüre, Orangensaft und Kaffee. Um neun fuhr man danach zurück an die Arbeit in der eignen Kirchgemeinde.

Gerne erinnere ich mich an diese schlichten Abendmahlsfeiern am frühen Morgen im kleinen Kreis weniger Pfarrer [...]

Gerne erinnere ich mich an diese schlichten Abendmahlsfeiern am frühen Morgen im kleinen Kreis weniger Pfarrer – die einzige Pfarrerin, die es im damaligen Dekanat gab, war leider nicht dabei – in der schmucklosen hellen Kirche Affoltern. Ein schlichtes Liturgie-Faltblatt mit den zürichdeutsch formulierten liturgischen Texten half durch die viertelstündige Feier. Lange Jahre habe ich diesen Zettel zu eigenem Gebrauch aufbewahrt, bis er bei einem meiner Umzüge verloren ging.

Ich will nicht sagen, dass mich die Frömmigkeit dieser Feier nicht mehr losgelassen habe. Aber: Später selber Pfarrer in einer Stadtrand-Gemeinde von Zürich, nahm ich diese Frömmigkeit mit in die eigene Gemeindepraxis: in ein Abendgebet, wie ich es oft in Taizé erlebt hatte, am Mittwoch-Abend. Und dann als Dekan des Kirchenbezirks Zürich links der Limmat, als es darum ging, mit Kolleginnen und Kollegen »meines« Dekanats eine geistliche Mitte zu formen, da lud ich zu einem »liturgischen Morgenmahl« ein, wie ich es im Kreis um Josua Boesch erlebt hatte, auch am ersten Mittwoch im Monat morgens um acht mit anschliessendem Frühstück. Anfänglich noch mit seinem »Formular«. Weil nun aber dieses »Morgenmahl« reihum ging im Kollegium, feierten wir nach dem persönlichen Formular der Kollegin oder des Kollegen, wo wir

[...] dann denke ich an die eine und andere Perle, wie sie in der Sprache jener Texte von Josua Boesch sich finden.

eben zu Gast waren. Gerne habe ich jeweils erzählt, wie ich dieses Morgenmahl einst bei Josua Boesch kennen gelernt hatte. Und es erfüllte mich mit Genugtuung, dass dieses Morgenmahl, wie ich es gehofft hatte, tatsächlich für lange Jahre zu einer geistlichen Mitte im Kollegium wurde.

Den offiziellen Ikonenmeister Josua Boesch habe ich nicht gekannt, wohl aber den Meister jener kleinen Texte, die er weitergab: mit seinem Formular für die Feier eines schlichten Abendmahls, mit seiner Übertragung der Psalmen aus dem Hebräischen ins Zürichdeutsche. Ich schätzte die Prägnanz dieser Texte in ihrer ganzen Schlichtheit. Und manchmal, wenn ich höre, dass man die Sprache der Kirche in eine alltägliche Sprache übertragen müsste, dann denke ich an die eine und andere Perle, wie sie in der Sprache jener Texte von Josua Boesch sich finden.

50 Jahre ist das her. Aber wenn ich nun – sehr im Nachhinein – an meine Begegnung mit ihm denke, merke ich zweierlei: Zum einen, wie unpräzis meine Erinnerung geworden ist. Und zum anderen, wie sehr das nichts an meiner Dankbarkeit ändert, ihm in jenen schlichten Feiern begegnet zu sein und ihm zu begegnen jedesmal, wenn wir in kleinstem Kreis ein schlichtes Abend- oder Morgenmahl feiern, grade so wie einst.

Und weil mich seine schlichte Sprache so sehr einnahm, sei hier ein Interview mit dem 70-jährigen Josua Boesch im Schweizer Fernsehen angeführt. Es ist auf Schweizerdeutsch geführt – so wie Josua Boesch das Schweizerdeutsch »liturgiefähig« gemacht hatte. Es gibt manchen Helvetismus in seinen Worten. Und nichts ist schriftsprachlich untertitelt. Trotzdem sei es hier angeführt – aus Anhänglichkeit und als Eindruck dafür, wer er war:

Link: https://www.srf.ch/play/tv/sternstunde-religion/video/morgendaemmerung-zur-auferstehung-des-judas-gespraech-mit-josua-boesch?urn=urn:srf:video:791c7cfc-e620-4bc6-92a6-d1acf9ba0048

Hinweis: Außerhalb der Schweiz ist der Inhalt des Links leider nicht verfügbar. (Anm. d. Red.)

Foto: Rolf Gerlach

Josua wirkt weiter – darum ein Verein Josua Boesch

von Karl Flückiger

Weil Josua in die Tiefe wirkt, wirkt er auch in die Breite
Zu Josuas Lebzeiten (1922–2012) organisierte er mit Freunden zusammen kleinere Ausstellungen, wo er seine Ikonen vorstellte (und verkaufte – sie waren sein Einkommen). Zudem traf er sich mit verschiedenen Pfarrkapiteln, mit Männer- oder Meditationsgruppen für ein- oder mehrtägige Kurse. Daraus entstand ein informeller Freundeskreis, denen Josua gelegentlich einige Gedanken zur Weltlage und seinen persönlichen Veränderungsschritten als Brief sandte. Zur weiteren Bekanntheit von Josua trugen der noah-verlag von Vreni und Bruno Dörig bei sowie der Jordan-Verlag (mit d'Psalme, Johannes-Evangelium und kleinen Gebetsbüchern in Mundart). Als Josua gebrechlicher wurde und in Zürich lebte, empfing er zwar noch Besuche, aber die anderen Tätigkeiten verebbten langsam. Veronika Kuhn und Matthias Müller organisierten zwar zwei kleine Ausstellungen, aber der Kunstkarten- und Bücherbestand lichtete sich.

neu entfacht
Später lernten sich Matthias Müller und Karl Flückiger kennen – und auch sie teilten Erlebnisse mit Josua. Sie initiierten zusammen mit dem Stadtkloster Zürich eine große Ausstellung mit über 40 Ikonen in der Zürcher Bullingerkirche über acht Wochen in der Fasten- und Osterzeit 2018. Um dieses Vorhaben zu realisieren, war die Gründung eines Vereins ein hilfreicher Schritt. Darin wurde folgender Zweck festgehalten:

> *»Der Verein will eine Lebensgestaltung mit Hilfe von Ikonen im allgemeinen und die Werke von Josua Bösch und seinen ›auferstehungsweg‹ im speziellen einer breiteren Öffentlichkeit bekannt machen. Seine Ikonen faszinieren verschiedene Generationen vorder- und hintergründig, seine Texte zeigen den Tiefgang seines Denkens über die Gottesbeziehung in einer ganz eigenen modernen Sprache. Der kulturhistorische Wert seiner Ikonen ist zu erschliessen. Zur Erreichung dieses Ziels unterstützt der Verein Ausstellungen und Publikationen zum Werk von Josua Boesch.«*

»Der Verein will eine Lebensgestaltung mit Hilfe von Ikonen im allgemeinen und die Werke von Josua Bösch und seinen ›auferstehungsweg‹ im speziellen einer breiteren Öffentlichkeit bekannt machen. […].

Matthias Müller-Kuhn veranlasste 2018 auch Neuauflagen von Josua Boeschs Buch Morgendämmerung. Tagebuch einer Wandlung, und einer Kartenserie mit 20 Sujets von Ikonen.

Jubiläums-Jahr – geschenktes Gelingen

Im Vorstand war er und seine Frau Veronika Kuhn aktiv sowie Vreni Frey-Boesch, die Tochter Josuas sowie Karl Flückiger. Anfang 2021 trat das Ehepaar Müller Kuhn aus dem Vorstand zurück. Die zwei verbliebenen Mitglieder des Vorstandes fragten danach vier Neue an und als jemand von ihnen erwähnte, dass 2022 Boeschs 100. Geburtstag ansteht, sprudelten in der nächsten halben Stunde Ideen, wie dieses Jubiläum begangen – und Josua Boesch's Vermächtnis damit auch einer nächsten Generation zugänglich gemacht werden könnte. Seither war der neue Vorstand mit Elan und Freude mit verschiedenen Projekten auf dieses Josua-Boesch-Jubiläumsjahr hin unterwegs:

Viele Publikationen von Josua Boesch waren inzwischen vergriffen. Geplant wurden Neuausgaben seines Auferstehungswegs *via ressurrectionis*, der Broschüre *arte contemplativa* – Heilkraft aus dem Schauen mit Abbildungen von 13 Ikonen und Texten dazu, sowie Josua Boesch's Johannes-Evangelium uf zürituütsch sowie eine Neuauflage von Simon Peng's Buch *auferstehungsleicht*. Dazu soll ein Sammelband mit neuen Texten entstehen: Josua Boesch's Mystik hat – wie jede echte Mystik – zeitlosen Charakter. Wir haben deshalb verschiedene Menschen gefragt, Aspekte von Boesch's Werk aus heutiger Sicht zu beleuchten. Unter den Autorinnen und Autoren sind alle drei großen christlichen Konfessionen vertreten: reformierte, katholische und orthodoxe, persönlich mit Josua damals befreundete und solche, denen Josua Boesch und sein Werk das erste Mal begegnet. Dazu wurde unter dem Titel »Dämmert der Morgen einer neuen Welt? – Präsenz im Heute Gottes« zu einem Symposium zum 100. Geburtstag von Josua im Kloster Kappel am 15. November 2022 eingeladen. Wir verbanden damit die Überzeugung, dass sein Werk und seine mystische Spiritualität auch heute inspiriert, unser Menschsein »ikonisch« auszurichten: als Ebenbilder Gottes, die mit aufmerksamen Ohren, wachen Augen und einem offenen Herz ein geschwisterliches Menschsein in diese unruhige und spannungsvolle Zeit hineinbringen – und dies, in seinen Worten: »auferstehungsleicht«.

[...] als Ebenbilder Gottes, die mit aufmerksamen Ohren, wachen Augen und einem offenen Herz ein geschwisterliches Menschsein in diese unruhige und spannungsvolle Zeit hineinbringen [...]

Resonanz

Die Aktivitäten im Boesch-Jahr 2022 wollten mehr als eine Eintagsfliege sein. Es geht nicht eigentlich um die Person von Josua Boesch – sondern um eine zeitgemäße, zugleich tief verwurzelte und ökumenisch offene und zukunftsfähige Spiritualität, die trägt. Auf den Spuren von Josua, und den Spuren, die er anregte – aufbrechend in Neuland.

Die Veranstaltungen zum 100. Geburtstag von Josua Boesch wurden gut besucht, die vier neuen Publikationen erhielten gute Rezensionen.

Ikonen tanzen

Ein Beispiel der anregenden Wirkung von Josua Boesch: Ikonen tanzen – Die Bildsprache der Metallikonen von Josua entwickelten sich im Laufe der Jahre Schritt für Schritt weiter, behutsam und oft angestoßen durch Impulse von außen oder innere Klärungsprozesse. Die geometrische Strenge, welche die Ikonen in den ersten Jahren prägte, wich nach und nach einer spielerischen Leichtigkeit. Der Auferstandene wurde immer geschmeidiger und lernte zu tanzen.

Das kam nicht von ungefähr: Josua belegte in seinen Jugendjahren Ballett-Kurse. Sein Gang blieb tänzerisch. Und wenn er nun Veranstaltungen durchführte, Tagungen und Kurse, war nicht selten eine Tänzerin dabei, die die Anwesenden zum Tanz vor einer Ikone anleitete, die vorher meditiert und besprochen wurde. Aber auch wenn heute Menschen Ikonen betrachten, ist nicht selten zu hören: Da möchte ich mich gerade bewegen, der Auferstandene lädt ein zum Tanz.

Eine Gruppe von Interessierten hat diese Impulse nun aufgenommen und zu verschiedenen Ikonen Tänze und Bewegungsfolgen aus verschiedenen Traditionen entwickelt: Kreistanz, Tanz-Impro, Tai-Chi u. a. Diese Tänzerinnen stellen sich zur Verfügung, auf Wunsch hin, zum Tanzen mit Ikonen anzuleiten. Für eine Veranstaltung oder eine Ausstellung kann dies eine willkommene Bereicherung sein, die Aussagen der Ikonen noch anders zu erfahren.

Viele neue Menschen lernten das Werk von Josua Boesch kennen – und als Nachwirkung der Jubiläums-Veranstaltungen hörte die Nachfrage nach Ausstellungen nicht auf, die Bücher verkaufen sich immer noch – und mehrmals pro Monat erhalten wir Anfragen zur Benutzung von Bildern einer Ikone, sei es für kirchliche Angebote wie Gottesdienste, zur Spiritualität oder für eine Vielfalt weiterer Themen.

Josuas Werk erweist sich auch heute als taufrisch … und inspirierend für die Zukunft!

Dass so vieles möglich wurde im Jubiläumsjahr war für uns als Vorstand des Fördervereins selber überraschend und bereichernd. Es zeigte sich: Josuas Werk erweist sich auch heute als taufrisch … und inspirierend für die Zukunft! Mit Josuas Worten: wär hätti das dänkt.

Foto: Rolf Gerlach

die Zukunft des Christlichen sei kommunitär

Diese Meinung vertrat Josua Boesch, obwohl er sich zum eremitischen Leben gezogen fühlte. Aber er pflegte einen regen Wechsel von persönlichem Rückzug und sich mit Gruppen gemeinsam dem Göttlichen zu öffnen. Er war Mit-Initiant einer Gruppe, die das Kloster Kappel wieder mit geistlichem Leben füllen wollten. Man traf sich in der Kirche zur Mediation, zu kleinen Kursen; und Josua zügelte zeitweise seine Werkstatt in einen Kellerraum des Klosters. Ein Förderverein Kloster Kappel wurde gegründet und für eine zu entstehende Gemeinschaft entwarf Josua ein kleines ›Reglement‹ – dieses wurde erstmals veröffentlicht in ›Kloster werden‹[1]. Kappel nahm dann eine Entwicklung ohne Josua, sein Mitwirken wurde von den kirchlichen Behörden nicht gewünscht.

Hingegen wurde das Stadtkloster Zürich in mehrfacher Hinsicht Erbe von Josuas Geschichte: Das erwähnte ›Reglement‹ inspirierte; der Kappeler Verein wurde aufgelöst und ein Teil des Vermögens dem Stadtkloster vermacht; im Gebetsraum des Stadtklosters laden Ikonen zur Mediation ein; das Stadtkloster verleiht die sog. Wander-Ikonen.

1 Kloster werden. Die ersten Jahre des Stadtklosters Zürich. Hans Strub, Zürich TVZ 2021, 93f.

Vor allem inhaltlich entwickeln sich im www.stadtkloster.ch die Impulse von Josua weiter: eine basisnahen Gruppe, die ihren Glauben gemeinsam praktiziert; ein Bewusstsein für die soziale und ökologische Verantwortung, die aus dem christlichen Glauben erwächst, und zu konkretem Engagement für soziale Gerechtigkeit und Nachhaltigkeit führt; eine selbstorganisierte Gruppe, die ihre Entscheidungen gemeinsam trifft.

Tiefen und Weiten

Der Vorstand des Vereins Josua Boesch ist erfreut über die Wirkung – und gestaltet weitere Möglichkeiten, mit dem Werk in Berührung zu kommen […]

Der Vorstand des Vereins Josua Boesch ist erfreut über die Wirkung – und gestaltet weitere Möglichkeiten, mit dem Werk in Berührung zu kommen: Eine Gruppen-Reise nach Italien zu den Wirk-Orten von Josua im Sommer 2024 sowie ein Wanderweg im Säuliamt auf Lebensstationen von Josua, die Mundart-Psalmen hörbar auf spotify, eine Sammlung von Gebeten und Gedanken unter dem Titel ›Urkräftiges Leben‹, das im März 2025 im tvz erschienen ist, sowie eine weitere große Wanderausstellung an sechs Orten im ersten Halbjahr 2025.

Der Vorstand schaut ebenso in die Zukunft: Wie kann das Werk von Josua gesichert werden? Viele Ikonen sind in Privatbesitz, die meisten dieser Personen sind gealtert – und es ist zu erwarten, dass in den nächsten zehn Jahren viele Ikonen den Besitzer wechseln oder dem Verein übergeben werden – im schlechtesten Fall im Brockenhaus landen. Um dem vorzubeugen, halten wir so weit möglich mit den ca. 60 uns bekannten Besitzern Kontakt.

Es ist also zu erwarten, dass in den kommenden Jahren einiges an Material – neben Ikonen auch Briefe, Zeichnungen und Notizen – beim Verein zusammenkommen werden. Wir wollen, um diesen gehaltvollen Schatz möglichst gut bewahren und erhalten zu können, eine Stiftung gründen und schauen uns um nach einem geeigneten Raum als Archiv.

Verein Josua Boesch
Gemeinnütziger Verein seit 2018. www.josuaboesch.ch

Vorstand
Vreni-Frey-Boesch, Andreas Wunderlin, Ökonom, Pfr. Andreas Schäffer, Pfrn. Marianne Kuhn-Fanac, Pfr. Karl Flückiger

Beirat – sind Menschen, die den Vorstand unterstützen, vernetzen helfen, vielleicht mal ein einzelnes Projekt begleiten, an der Weiterentwicklung mitdenken, kritische Rückfragen stellen, Botschafter des Anliegens vom Verein Josua Boesch sind – aber keinerlei vereinsrechtliche Verpflichtungen haben. Einzelne Beiräte werden bei Bedarf angegangen, der ganze Beirat wird ca. zweijährlich zu einem Treffen eingeladen.

- Margrit Höhener, Hausen, Sozialarbeiterin, Supervisorin; Dr. phil. Samuel Jakob, Gontenschwil; Pfr. Reto Müller, Schwyz; Prof. Dr. Simon Peng-Keller, Zürich; Dr. theol. Judith Hélèn Stadler, Zug; Prof. Dr. Dr. h.c. Christoph Stückelberger Zürich/Genf; Pfr. Thomas Bachofner, Leiter tecum, Kartause Ittingen; Pfr. Günter Hänsel, Berlin; Brigitte Schnellmann, Wangen/SZ; Dr. Sabine Bayreuther, Kloster Kirchberg, Schwarzwald

Karl Flückiger ist reformierter Pfarrer und Psychotherapeut. Er gehört zum Vorstand des Fördervereins Josua Boesch.

Der Gottesdienst: ein Gesamtkunstwerk

von Manuel Zahn

1. Einleitung

Unter einem »Kunstwerk« können wir uns alle etwas vorstellen, aber was ist ein »Gesamtkunstwerk«? Eine homogene Mischung aus allen Kunstformen? Das Ergebnis einer »Amalgamierung« vielleicht? Im Folgenden sehen wir uns zunächst einmal genauer an, wie sich die verschiedenen Erscheinungsformen der Kunst charakterisieren lassen, und wie sie sich prinzipiell unterscheiden. Anschließend prüfen wir dann, ob sie sich zu einem »Gesamtkunstwerk« vermischen oder gar vereinigen lassen.

2. Erscheinungsformen der Kunst

Wenn wir Worte hören wie »Künstler« oder »Kunstwerk«, denken wir zunächst an Bachs Brandenburgische Konzerte oder an Opern wie Mozarts »Zauberflöte«, an Theaterstücke wie Goethes »Faust«, an Gemälde wie Rafaels »Sixtinische Madonna« in Dresden, an Skulpturen wie Michelangelos »David« in Florenz, vielleicht sogar an Kirchengebäude wie die Kathedrale Notre-Dame von Chartres.

Grob lassen sich die verschiedenen Erscheinungsformen der Kunst wie folgt einteilen:

1. Musik (Tonkunst)
2. Tanz (Bewegungskunst)
3. Schauspiel, Theater
4. Poesie (Dichtkunst)
5. Malerei
6. Bildhauerkunst
7. Architektur (Baukunst)

Was ist nun das herausragende Merkmal, das diese Einteilung rechtfertigt? Es ist die Dauer ihres Erscheinens. So ist zweifelsohne eine Tonfolge in der Musik direkt nach dem Hören auch schon wieder verklungen. Im Gegensatz dazu kann ein Gemälde oder ein antiker Tempel immer wieder betrachtet werden, andauernd. Unter diesem Gesichtspunkt lassen sich die oben aufgeführten Kunstformen einordnen je nachdem, ob sie eher *transitorisch*[1] oder *andauernd* erscheinen.

---

1 Transitorisch bedeutet »vorübergehend«, (spät)lateinisch transitorius = vorübergehend, vom Verb transire = vorübergehen. Das Gegenwort zu transitorisch ist »andauernd«.

Im Folgenden wollen wir die einzelnen Kunstformen daraufhin untersuchen.

2.1 Musik

Musik, und damit meine ich nicht das Komponieren, das künstlerische Schaffen, sondern das Hören von Musik, ist zweifelsohne die *Transitorischste* unter den Künsten[2]. Töne erklingen und vergehen wieder – nichts ist transitorischer.

Die Musik setzt gezielt verschiedene Möglichkeiten ein, die fortlaufende Flut der einzelnen Töne zu ergänzen durch

- Harmonien (= Gleichzeitigkeit von transitorisch erklingenden Tönen)
- Pausen (= Unterbrechung des Transitorischen)
- Fermaten (= bewusstes Anhalten einer Flut von Tönen)
- Refrain, Ritornell (= Wiederholung, ein in-Erinnerung-Rufen von Tonfolgen)

Durch Wiederholungen, Fermaten und Pausen wird die Zeit gedehnt, das Transitorische aufgehalten. So erstreckt sich der Abschied der drei Damen von Tamino und Papageno in Mozarts Zauberflöte (1. Akt, 8. Auftritt, Nr. 5 Quintett) über zweimal 12 Takte:

> *»Lebet wohl! wir wollen gehn, lebet wohl! auf Wiedersehen, lebet wohl! auf Wiedersehen.«*
>
> und kurz darauf nochmals:
>
> *»So lebet wohl! Wir wollen gehn, lebt wohl! lebt wohl, auf Wiedersehen! So lebet wohl! Wir wollen gehn, lebt wohl! lebt wohl, auf Wiedersehen, auf Wiedersehen, auf Wiedersehen.«*

Freilich, ein Musikstück hat auch eine Vergangenheit, sie wurde schließlich einmal von einem Komponisten geschaffen, in Noten festgehalten und gedruckt. Zu jeder späteren Zeit kann sie von Musikern eingeübt und immer wieder erneut einem Publikum zu Gehör gebracht werden. Musik kann auch konserviert werden in Form von Schallplatten oder digital und auf diese Weise jederzeit erneut angehört werden. Das Wesentliche der Musik allerdings ist das Erklingen und Verklingen, und das geschieht im Vorübergehen.

---

2 Auch der Begriff »Sukzession« (lateinisch *successio* = Nachfolge) wird verwendet, um das zeitliche Nacheinander zu beschreiben, das wir beim Hören von Musik erleben.

2.2 Architektur, Baukunst

Im krassen Gegensatz zur Musik steht die Baukunst. Gebäude sind andauernd, errichtet für die Ewigkeit, unbeweglich, immobil. Der transitorische Aspekt der Baukunst beschränkt sich auf die relativ kurze Phase der Planung und Errichtung des Gebäudes, relativ im Vergleich zu der langen Zeit seiner Nutzung. Ein Gebäude kann auch wieder verfallen oder z. B. durch Erdbeben oder Kriege zerstört werden. Beides, das Werden und Vergehen, ist aber zeitlich unbedeutend im Vergleich zur langen Zeit des Bestehens eines Gebäudes.

Ein gutes Beispiel sind die drei dorischen Tempel in Paestum, die Winckelmann 1758 besuchte und später beschrieb. In vollkommener Harmonie sind Tragendes und Lastendes zum Ausgleich gekommen, und zweieinhalbtausend Jahre haben daran nichts ändern können. Der Tempel ist ein Bild für das Andauernde, und sein langsamer Verfall der einzige transitorische Aspekt. Wir können auch noch an die ägyptischen Pyramiden und die Kirchengebäude denken.

Goethe meinte, Architektur sei »verstummte Tonkunst«[3], während Schelling sie »erstarrte Musik« nennt[4].

Norbert Nagel / Wikimedia Commons

[3] Nach: Hedwig Walwei-Wiegelmann (Hrsg.): Goethes Gedanken über Musik. Frankfurt am Main 1985, 67.

[4] Friedrich Wilhelm Schelling: Philosophie der Kunst. In: Sämtliche Werke, Abtl. 1, Bd. 5. Stuttgart 1859, 593.

2.3 Bildhauerkunst

Nur wenig transitorischer als die Baukunst ist die Bildhauerkunst. Nehmen wir zum Beispiel den berühmten Torso vom Belvedere, der in den Vatikanischen Museen im Saal der Musen aufgestellt ist. Ein kräftiger Leib stützt eine (unsichtbare) schwere Last, unverändert seit Jahrhunderten, verlässlich, unbeugsam, »andauernd«. Er wird auch noch in hundert Jahren etwas stützen, ohne zu ermüden. Wir können zu jeder Zeit sicher sein, dass wir auch in kommenden Jahren an dieser Stelle denselben Eindruck haben werden.

Freilich unterliegen Marmorskulpturen einer gewissen Veränderung im Laufe der Zeit, auch wenn wir von sehr langen Zeiträumen sprechen. Von Michelangelos David wäre heute nicht mehr viel zu sehen, wenn man die Skulptur nicht rechtzeitig unter Dach und Fach geschoben hätte.

Es gibt allerdings auch Skulpturen, die einen transitorischen Eindruck ermöglichen. Dann nämlich, wenn sich beim Betrachten eine vorübergehende Handlung abspielt. Das ist genau die Situation, die wir bei der Laokoonskulptur vorfinden, die in den Vatikanischen Museen aufgestellt ist. Wenn wir diese in Marmor gestaltete Gruppe betrachten, »sehen« wir auch die Geschehnisse, die sich vorher abgespielt haben müssen, nämlich wie die beiden Schlangen die nackten Körper umschlingen und zubeißen. Auch die vergeblichen Kraftanstrengungen der drei Opfer können wir uns leicht vor Augen stellen, die schließlich im Kampf unterliegen. Es ist, als ob ein kurzer »Film« in unseren Köpfen ablaufen würde.

Moses, San Pietro in Vincoli, Rom
Foto: M. Zahn 2023

Goethe kennt diesen Eindruck und analysiert ihn so:

Wenn ein Werk der bildenden Kunst sich wirklich vor dem Auge bewegen soll, so muss ein vorübergehender Moment gewählt sein.

... ein fixierter Blitz, eine Welle, versteinert im Augenblicke.

Ein weiteres Beispiel für eine scheinbar sich bewegende Skulptur ist der Moses von Michelangelo in der Kirche San Pietro in Vincoli in Rom. Je nachdem, von welchem Winkel aus wir ihn betrachten, hat er sich gerade ermüdet hingesetzt oder ist im Begriff, wütend aufzustehen.

2.4 Malerei, Fotografie

Ähnliches erleben wir bei der Betrachtung von Gemälden. Wir kennen alle die großen Schlachtenbilder, die einen Augenblick einer längeren Handlung mit Farbe auf der Leinwand oder als Fresko festgehalten haben. Ein transitorisches Geschehen wird auf diese Weise quasi »eingefroren«, aber in unserer Phantasie ergänzen wir leicht ein Vorher und ein Nachher. Ein schönes Beispiel dafür ist die Flucht des Aeneis aus dem brennenden Troja. Aeneis kann mit seinem Sohn Iulus fliehen. Er trägt seinen Vater auf der Schulter, gefolgt von seiner Frau Krëusa. Wir »sehen« beim Betrachten dieses Freskos aber auch die Vorgeschichte: Den Griechen gelingt es nach langen Jahren der Belagerung, Troja einzunehmen und zu zerstören.

Paul Cézanne, Stillleben mit Vorhang (1895)

Wir sehen »eine sichtbare stehende Handlung« vor uns, dem Gesetz der Koexistenz, Simultaneität gehorchend.[5]

Im Unterschied dazu stehen die abstrakten Gemälde, die lediglich verschiedene Farben und Formen zeigen. Nichts Transitorisches wird eingefroren, das Andauernde ist eingerahmt an die Wand gehängt, unveränderlich. Das hat Vasarely klar zum Ausdruck gebracht: »Es muss ein Bild gemacht werden, dem der Magier Zeit nichts mehr hinzufügen und nichts mehr wegnehmen kann.« (Victor Vasarely 1954). Ein Stillleben ist ein solches Bild, das die tote Natur abbildet, daher auch *nature morte* genannt.

Eine moderne Form der bildenden Kunst ist die Fotografie, die in der Lage ist, etwas Transitorisches »festzuhalten«, zu konservieren.

2.5 Dichtkunst, Poesie

Der Dichter oder Schriftsteller erzählt eine Geschichte, beschreibt ein Vorher und ein Nachher, und die Phantasie des Lesers erzeugt Bilder, Gefühle, Mitleiden. Ein Spannungsbogen wird aufgebaut. Als klassische Beispiele fallen mir ein: Homers Ilias und Odyssee, Vergils Aeneis, Tolstois Anna Karenina und Thomas Manns Buddenbrooks. Das Transitorische überwiegt hier ganz eindeutig. Wir sind Zeugen einer »fortschreitenden Handlung«, deren Teile »sich nach und nach, in der Folge der Zeit, ereignen.«[6]

Der andauernde Aspekt ist das gedruckte Buch im Regal oder das digitale Hörbuch, die unveränderliche Konservierung für lange Zeit.

2.6 Theater, Film

Bei der Aufführung eines Theaterstückes erklingt das Wort und vergeht wieder, kaum dass der Besucher es gehört hat. Es wird auf der Bühne an einem Abend eine Geschichte erzählt, eine Handlung läuft ab, also Transitorisches. Selbst wenn ein Schauspieler schon hundertmal Shakespeares Hamlet gespielt hat, wird jede Aufführung ein kleinwenig anders gestaltet worden sein, jeder Abend ein Unikat. Ich möchte an dieser Stelle den künstlerischen Film hinzunehmen. Eine Handlung wird erzählt, zieht vorüber, meistens unterlegt mit Musik.

2.7 Bewegungskunst, Tanz

Der künstlerische Tanz und das Ballett sind Bewegungen auf der Bühne, die ähnlich wie das Hören von Musik vorübergehende Er-

---

5 Gotthold Ephraim Lessing: Laokoon XV, W. Barner (Hrsg.), Frankfurt am Main 2007.

6 Ebd.

eignisse sind. Getanzte Bewegungen existieren nur im Augenblick. Kein Bild, kein Text, kein Tonträger kann ihn vollständig festhalten. Tanz ist ein Kunstwerk, das sich auflöst, während es entsteht. Oft wird dabei eine Handlung erzählt, die Gefühle erzeugt.

***

Zusammenfassend lassen sich also die verschiedenen Kunstformen in eher transitorisch oder andauernd anordnen:

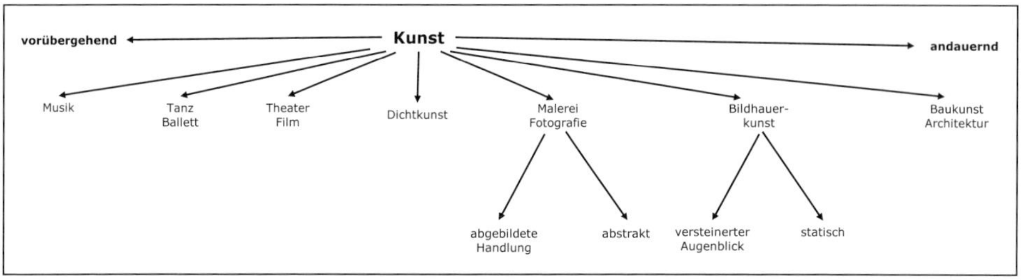

3. Hybride Kunstformen

Wir kennen neben den oben geschilderten reinen Erscheinungsformen der Kunst auch hybride Formen, also den Einsatz von zwei oder mehr Künsten zu einer neuen Gestalt, die mehr darstellt als nur eine Vermischung. Das Kunstlied, z. B. Schuberts »Winterreise«, lässt uns gleichzeitig Gesang (Musik) und Liedtexte (Dichtkunst) hören. Ballett ist Tanz (Bewegungskunst) mit Musik. Allerdings folgen vereinigte Musik und Tanzkunst immer dem gleichen Zeitmaß, während gesungene Dichtkunst den unterschiedlichen Zeitraum angleichen muss. Der in Musik erklingende Text benötigt mehr Zeit als der gesprochene.

Die Oper ermöglicht das Betrachten von kostümierten Gestalten vor gemalten Kulissen (Malerei) in choreografierter Bewegung (Tanz), gleichzeitig aber auch das Hören von Musik und gesungenen Texten (Dichtkunst). Richard Wagner hat in seinen Opern Musik (Tonkunst), Tanz (Bewegungskunst), und Poesie (Dichtkunst), diese drei reinmenschlichen Kunstarten, die drei »urgeborenen Schwestern«, bewusst zu einem einzigartigen Kunstwerk vereinigt.[7]

Die »vollkommenste Vereinigung der Poesie und Musik« ist für Lessing der erste Schritt hin zu der Idee eines Gesamtkunstwerks,

[7] Richard Wagner: Das Kunstwerk der Zukunft, 1849, in: Gesammelte Schriften und Dichtungen. Leipzig ²1888. Bd. III, 67.

die »Verbindung der Musik mit der Tanzkunst, der Poesie mit der Tanzkunst, und der vereinigten Musik und Poesie mit der Tanzkunst«.[8] Ist die Oper demnach bereits ein Gesamtkunstwerk? Da fehlen doch noch Kunstformen wie die Malerei, Bildhauerkunst und Baukunst!

4. Zum Begriff *Gesamtkunstwerk*

Wikipedia definiert *Gesamtkunstwerk* als ein Werk, in dem verschiedene Künste wie Musik, Dichtung, Tanz/Pantomime, Architektur und Malerei vereint sind. Dabei ist die Zusammenstellung nicht beliebig und illustrativ: die Bestandteile ergänzen sich notwendig.[9]

Der Ausdruck *Gesamtkunstwerk* wird erstmals vom spätromantischen Schriftsteller und Philosophen Karl Friedrich Eusebius Trahndorff (1782–1863) in dessen Schrift »Aesthetik oder Lehre von der Weltanschauung und Kunst« (Berlin, 1827) verwendet.[10] 1849 taucht er in Richard Wagners Schrift »Die Kunst und die Revolution« wieder auf. Durch die Verbindung von Tonkunst mit mimischer Tanzkunst und Dichtkunst vor szenischer Landschaftsmalerei in ansprechender Architektur, wie es Richard Wagner 1850 in seinem Aufsatz »Das Kunstwerk der Zukunft« beschrieben hat, wird das große Gesamtkunstwerk zur vollen Geltung gelangen als ein gemeinsames Werk des Menschen der Zukunft.[11]

Harald Szeemann konzipierte 1983 die berühmt gewordene Ausstellung »*Der Hang zum Gesamtkunstwerk*« für das Kunsthaus Zürich. In der Ausstellung waren über 300 Objekte, Architekturmodelle, Partituren, Zeichnungen und Gemälde versammelt, die als Gesamtkunstwerke die europäischen Utopien von 1790 bis heute repräsentierten. Szeemann stellte unter anderem den Merzbau von Kurt Schwitters, das Goetheanum in Dornach, die Kathedrale Sagrada Família von Antoni Gaudí, den Monte Verità bei Ascona, aber auch Anselm Kiefers mythologische Allegorien vor.[12]

All diese Versuche bleiben allerdings unvollkommen, weil einzelne, aber eben nicht alle reinen und hybriden Kunstformen zu etwas Neuem vereinigt werden, das die Bezeichnung »Gesamtkunstwerk« verdient.

---

[8] Gotthold Ephraim Lessing: Laokoon. Studienausgabe, 265.

[9] Wikipedia: »Gesamtkunstwerk«.

[10] Gunda Brüske: »Liturgie – Gesamtkunstwerk unter eschatologischem Vorbehalt«, Archiv für Liturgiewissenschaft 50. 2008, 167.

[11] Richard Wagner: »Das Kunstwerk der Zukunft«, Leipzig 1850, 197.

[12] Wikipedia: »Harald Szeemann«.

5. Kunstformen im Gottesdienst

Der Philosoph und Theologe Friedrich Schleiermacher (1768–1834) hat zu Beginn des 19. Jahrhunderts erstmalig entschieden dafür plädiert, den Gottesdienst als eine Art von Kunst zu verstehen. Der Gottesdienst unterbricht den Alltag. Es geht allein um Darstellung des religiösen Bewusstseins, des Glaubens, ohne etwas darüber hinaus zu bezwecken. Und im Übrigen benutzt der Gottesdienst »Kunstelemente« für seinen Vollzug: eine kunstvolle Rede, Gesang, kunstvoll gestaltete Räume usw. Er ist also selbst eine Art Kunst.[13]

Die Idee, christliche Gottesdienste als »universales Drama« im Sinne eines Gesamtkunstwerkes zu betrachten, geht auf den Kirchenmusiker Franz Xaver Witt (1834–1888) zurück. Witt reagierte damit in kritischer Distanzierung auf die von Wagner propagierten Vorstellung von Kunst als Religion.[14]

Im Jahr 1855 erklärte der Musikforscher August Wilhelm Ambros (1816–1876): »Die katholische Kirche besitzt in der feierlich heiligen Pracht ihres Gottesdienstes dieses Gesamtkunstwerk seit Jahrhunderten.«[15]

Kirchenmusik ist nach Albert Gerhards »Nachklang des Zukünftigen«.[16] Wir können Musik nur im Jetzt erleben, haben aber noch den Nachklang im Ohr und erwarten den nächsten Ton aus dem Zukünftigen. Gerhards spricht von der Liturgie als »Zeitkunst [...], in der Vergangenheit und Zukunft im Jetzt zusammenfallen.«

In der Tat erleben wir in einem Gottesdienst verschiedene Erscheinungsformen der Kunst, insbesondere:

- Orgelmusik, Kirchenglocken
- Gesang der Schola, Psalmodieren
- Kirchenlieder (Musik und Dichtkunst)
- gesungene liturgische Texte
- Dichtkunst (Lesung von Texten aus der Bibel)
- Gemälde (über dem Altar, in den Seitenkapellen), Kirchenfenster
- Kruzifix, Skulpturen von Propheten und Aposteln (Bildhauerkunst)
- Architektur (Baukunst), das Kirchengebäude.

---

13 Wolfgang Ratzmann: »Der Gottesdienst als Gesamtkunstwerk?« Stiftung Kirchgemeinde Loschwitz, 7. Stifterversammlung am 10.11.2013, https://stiftung-loschwitz.de/7-stifterversammlung/.

14 Jörg Bölling: »Gottesdienst als Gesamtkunstwerk«, in: »Neue Räume – neue Strukturen«, hrsg. von K. G. Beuckers und B. Falk, Essen 2014, 135.

15 Gunda Brüske, a. a. O., 170.

16 Albert Gerhards: »Nachklang des Zukünftigen«, Liturgie und Lebenswelt, 427–438.

Damit hätten wir bereits fünf der sieben reinen Kunstformen genannt. Es fehlen noch Tanz und Theater. Dabei ist doch die Ähnlichkeit der Anordnung im Raum im Theater und dem Kirchenraum offensichtlich: Vorne die Bühne bzw. der Altar auf einer Empore, im Zuschauerraum das Publikum bzw. im Kirchenschiff die Gläubigen.

Die Liturgie folgt einer festgelegten und einstudierten Choreografie beginnend mit dem Einzug der Liturgen bis hin zu Gebärden und Bewegungen am Altar.[17] Die Kirchengewänder – jedem großen Fest eine andere Farbe zugeordnet – entsprechen den Kostümen der Schauspieler.

Und damit hätten wir alle reinen und hybriden Kunstformen versammelt. Aber wie wird daraus ein einzigartiges Gesamtkunstwerk?

6. Kunsterleben im Gottesdienst und die Folgen

Während eines Gottesdienstes erleben wir verschiedene Erscheinungsformen der Kunst. Wenn wir in einem künstlerisch gestalteten Kirchenraum (Baukunst) sitzen und Skulpturen (Bildhauerkunst) und sakrale Gemälde (Malerei) oder künstlerisch gestaltete Kirchenfenster betrachten, dabei biblische und liturgische Texte hören (Dichtkunst), die nach einem wohlgeordneten Einzug der Liturgen (Schauspiel) mit festgelegten Gebärden und Bewegungen (Tanz) vorgetragen werden, untermalt von Gesängen der Schola, Kirchenliedern und Orgelklängen (Musik), werden unsere Sinne gleichzeitig oder nacheinander angeregt und dadurch unsere Seele dem Alltag entzogen.[18]

Es wirken also während des Gottesdienstes sowohl transitorische als auch andauernde Formen der Kunst auf uns, aber nicht als Gemisch. Sie wirken vielmehr synergistisch zusammen, das heißt, sie verstärken sich in ihrer Wirkung gegenseitig und bilden so ein *Gesamtkunstwerk.*

Die Kunst vermittelt zwischen der theologischen Ganzheitsvorstellung der Liturgie und dem konkreten Leben jedes Einzelnen. Das Kunsterlebnis integriert das eigene Leben in das Geschehen am Altar.[19]

---

[17] Dominik Freiherr von König: »Die katholische Kirche als Gesamtkunstwerk«, Vortrag vom 19.09.2006 im Kloster Fürstenfeld, Kester-Haeusler-Stiftung, Fürstenfeldbruck, 2006.

[18] »Das Kunstwerk soll die Seele dem Alltag entziehen, ihr Sprechen mit Gott erleichtern, indem es die Sinne völlig auf das große Altargeschehen und den sakramentalen Heiland sammelt.« Johannes van Acken: »Christozentrische Kirchenkunst – Ein Entwurf zum liturgischen Gesamtkunstwerk«, Nachdruck hrsg. v. R. E. Brachthäuser, Berlin 2022.

[19] Gunda Brüske: a. a. O., 162–187.

»Die Künste vermögen, dass in der Liturgie der Vorhang zwischen Himmel und Erde aufreißt, sodass wir mit hineingenommen sind in eine Liturgie, die den ganzen Kosmos umspannt.«[20]

»Die liturgische Feier ist [...] ein Gesamtkunstwerk. Die Elemente der Musik, das Verhalten der Gläubigen, das Handeln der Priester, der Kirchenraum und seine Bilder vermitteln die Erfahrung des Heiligen, die auch den Nichteingeweihten [...] zutiefst anrührt und in ihm das Gefühl von Wahrheit und Unbedingtheit weckt.«[21]

Die Liturgie als Gesamtkunstwerk entsteht von dem her, was durch Christus in ihr angelegt ist. Das Wesen des Christentums, so Ildefons Herwegen (1874–1946), Benediktiner und Abt von Maria Laach, besteht darin, »den Menschen zu einem Ebenbilde Jesu Christi zu machen [...] Sie will dem verklärten Christus den verklärten Christen entgegenführen.« Dem dient die Liturgie. Deshalb kann Herwegen sagen: »Die Idee der Verklärung ist das Kunstprinzip der Liturgie.«

Aber nicht die Einheit verschiedener, in der Liturgie zusammenfindender Künste, sondern vielmehr ein theologisches Prinzip stellt Herwegen in einem 1912 in Düsseldorf gehaltenen Vortrag[22] in das Zentrum seiner Überlegungen. Wer laut Herwegen »das liturgische Leben der Kirche mitlebt, [...] dessen Leben wird zum Kunstwerk und gewinnt in der fortschreitenden Verklärung seinen Ewigkeitswert.«

Wo sonst außer im Gottesdienst können wir innerhalb einer Stunde ein Gesamtkunstwerk erleben? Und das ohne den Erwerb von Eintrittskarten, ohne Platzreservierung, ohne lange Anreise! In einem Museum bewundern wir Gemälde und Skulpturen, im Theater ein Schauspiel, eine Ballettaufführung oder eine Oper, wir sehen einen Film und lesen Gedichte, gehen in ein Konzert oder lassen uns durch großartige Gebäude führen. Aber nur das Erleben einer liturgischen Feier bietet uns die Möglichkeit, ein Gesamtkunstwerk zu erleben. Die Folge: Wir werden möglicherweise anders aus der Kirche herauskommen, als wir hineingegangen sind.

---

20 Joseph Ratzinger: »Der Geist der Liturgie«, Herder Verlag 2013, 108.

21 Franz Kohlschein: »Liturgie als Kunstwerk«, Archiv für Liturgiewissenschaft 27. 1985, 273–276.

22 Ildefons Herwegen: »Das Kunstprinzip in der Liturgie, Paderborn 1912.

Foto: Rolf Gerlach

Bücher

Schwerhoff, Gerd: Der Bauernkrieg. Eine wilde Handlung. München: C. H. Beck 2024. 720 S. Geb. EUR 34,00. ISBN 9783406821806.

»Anno domini 1525, im anfang diß jars, entstand eine grosße, ungehörte empörung des gemeynen manns allenthalben in gantzem Germanien.« (E. Gagliardi) In diesem Jahr jährt sich zum 500. Mal der Bauernkrieg von 1525, den der Dresdner Historiker Gerd Schwerhoff in seiner großen Abhandlung als »eine wilde Handlung« charakterisiert. Gegenüber traditionellen Ansätzen, die von einem Ursache-Wirkung-Schema ausgehen, soll bei ihm »primär von den Ereignissen her auf die Ursachen geschaut werden, so dass sich ganz andere Perspektiven öffnen« und »nun die Ziele der Bauern im jeweiligen räumlichen und zeitlichen Kontext aus ihren Äußerungen und aus ihren Handlungen erschlossen werden«. Mit diesem ereignisgeschichtlichen Ansatz, der die Auseinandersetzungen des Bauernkriegs aus den Quellen präzise beschreibt, befragt Schwerhoff die Strukturbedingungen, rechtlichen Verhältnisse, politischen Zuordnungen, Motivlagen, militärische Vorgehensweisen, Informationslagen und anderes mehr, und kommt dadurch zu neuen und oft überraschenden Bewertungen. Das wird sehr gut an der sogenannten »Weinsberger Bluttat« deutlich. Schwerhoff beschreibt sie und ihren Ablauf szenisch wie in einem Filmskript. Ostersonntagmorgen, am 16. April 1525, stürmen die Bauern eine Kapelle vor dem unteren Tor der Stadt, in der eine Frühmessse gelesen wurde, so dass die Besucher in die Stadt flüchten mussten. Die beiden Befehlshaber der Stadt waren im Hochamt, als der Sturm auf die Stadt begann. »Spätestens zwei Stunden später waren beide Männer tot.« Die ursprünglich freie Reichsstadt gehörte ab 1512 zum Herzogtum Württemberg und war dadurch unter vorderösterreichisch-habsburgischer Verwaltung und besaß eine Befestigungsanlage. Führende Köpfe der adeligen Verwaltungselite befanden sich im Ort. Ein Teil der Bürgerschaft sympathisierte mit den anstürmenden Bauern. Verhandlungslösungen wurden um Mitternacht und in den frühen Morgenstunden gesucht, scheiterten jedoch. Nach der Einnahme des Schlosses wurde die Stadt angegriffen und wegen der Übermacht der Bauern eingenommen. Zwei Gruppen der Adeligen und ihrem Gefolge flüchteten in die Kirche und auf den Wolfsturm der Stadtmauer. In der Kirche wurden die Bürger verschont, die Geflüchteten auf dem Turm allesamt getötet. Der Graf Ludwig von Helfenstein und andere Adelige und Ritter (Reisige) wurden entwaffnet und auf einer Wiese vor der Stadt »einer nach dem anderen durch die Spieße gejagt und so – entgegen vorheriger Zusicherungen – getötet.« Schnell verbreitete sich die Bewertung der »Bluttat« von Weinsberg als tyrannisch und mordlüstern. Nachrichten darüber überboten sich in ihren Schilderungen. Schwerhof berichtet nüchtern: »Sechzehn Adlige kamen ums Leben, dazu eine unbekannte Anzahl ihrer Knechte und Reisige. Das Geschehnis, das als ›Weinsberger Bluttat‹ in die Geschichte einging, wurde zum Fanal für die Grausamkeit und Barbarei der aufständischen Bauern.« Auch Luther schloss sich diesem Urteil an. Dabei handelten die Bauern gegen ihre adeligen Widersacher durchaus in Übereinstimmung mit dem damaligen Kriegsrecht, als diese hingerichtet wurden. Sein Fazit: »keine Lynchjustiz, sondern Rechtsakt«.

Die Bauern vertraten klar reformatorische Anliegen. Die erfolgreichste und in der Forschung meistdiskutierte Schrift der damaligen Zeit in über 25.000 Auflagen war »Die Zwölf Artikel« aus Memmingen, gleichsam die Programm-Schrift des Bauernkriegs. Sie erschien im März 1525. Die ersten drei Artikel forderten freie Pfarrerwahl, klare und lautere Predigt des Evangeliums, die Pfarrerbesoldung durch den großen Zehnt und für die Armenfürsorge und die Aufhebung der Leibeigenschaft: Die Bauern wollen frei sein. Insofern war der Bauernkrieg eine genuine Folge der Reformation und ein einigendes Band zwischen Land und Stadt trotz unterschiedlichsten Interessen. Luthers Lehren wurden als Aufruf zur Veränderung von Kirche und Gesellschaft verstanden. »Göttliches Recht« sollte an die Stelle weltlichen Unrechts treten. Schwerhoff nennt die Schrift die »Marseillaise der Bauern«. Sie war so attraktiv und mehrdeutig, dass sie »kommunikativ mit brüderlicher Liebe ebenso aufladbar war wie mit revolutionärer Emphase.« So konnte diese Schrift eine große Dynamik für den Bauernkrieg erlangen. Zeitlich erstreckte sich die Erhebung von der Karwoche bis Ende Juni. Bereits im Juli schrumpft die Bewegung zusammen. Räumlich erstreckte sie sich polyzentrisch über viele regionale Zentren, die von Schwerhoff aus den vorhandenen Quellen detailliert und kritisch nachgezeichnet werden. Die rechtlichen und politischen Verhältnisse waren komplex: Geistliche Fürstentümer konkurrierten und rivalisierten mit weltlichen Grafschaften und freien Reichstädten. Hinzu kamen Besitztümer von Rittern auf Burgen und zahlreiche Klöster. Es existierte das Institut der Leibeigenschaft. Zum großen Verdruss der Bauern konnten Pflichten zur Abgabe und Frondienste verkauft werden, so dass die Erträge bäuerlicher Arbeit in entfernte Gegenden gingen. Die Bauern waren im Kampf ungeübt und kämpften lediglich mit privaten Waffen, Harnisch, Spießen und Streitäxten, die sie allerdings in ihren Häusern und Höfen für ihre Herren bereithalten mussten. Das Bild von Bauern, die mit Mistgabeln und Dreschflegeln kämpften, ist irreführend. Im Kampf waren die Bauern hoffnungslos unterlegen. Sie waren in der Artillerie ungeübt, da sie über keine Reiterei verfügten waren sie weniger beweglich und hatten dadurch auch keine Aufklärung über Frontverläufe. In ihren Zusammenkünften waren sie innerlich zerstritten und misstrauisch, immer eher auf Verhandlungen und Kompromisse aus, denn auf Kampf und Blutvergießen. Bauernhauptleute wurden oft wider Willen gewählt und stammten nicht aus den Reihen der Bauern. Der Bauernkrieg wurde von Seiten des Adels und der Obrigkeit mit großer Grausamkeit und unerbittlich geführt. Dennoch war er keine demographische Katastrophe. Die Faustformel von den 100.000 Toten wird von Schwerhoff korrigiert, der etwa 70 bis 75000 Opfer annimmt. Wer sich über die Geschehnisse des Bauernkriegs umfassend informieren möchte, wird durch diese lesenswerte Studie von Gerd Schwerhoff in den Stand der gegenwärtigen Forschung bestens eingeführt.

Josef Natrup

Trummer, Peter: Mit Jesus am Puls der Zeit. Ermutigung zum Christsein. Freiburg i B.: Herder 2024. 194 S. Kart. EUR 22,00. ISBN 9783451397905.

Peter Trummer, geb. 1941, lehrte Neues Testament an der Universität Graz. Seine Bücher spiegeln die Kirchenkrise, geben Einblick in Kirchen-, Zeit- und Lebensgeschichte und suchen nach Antworten auf Fragen der Zeit aus der Kraft der biblischen Botschaft.

Passend zum Thema dieser Ausgabe zitiere ich aus dem Kapitel »Gastfreundschaft oder Messopfer?«: »Denn nur wenn unser Reden von Gott für alle nachvollziehbar ist und unser Umgang miteinander und mit allen wertschätzend und liebevoll erlebt wird, kann so etwas wie eine andere Dimension, etwas Transzendentes spürbar werden, was vielleicht mit Gott in Verbindung gebracht werden kann (1 Kor 14,23 ff.), andernfalls könnte das Urteil von außen über uns nur negativ ausfallen.« (106)

Schon das 1. Kapitel – Èffata – öffne dich! Ein jesuanisches Lebensprogramm – ist nicht nur Einleitung, sondern zeigt den ganzheitlichen Ansatz des Buches. »Öffnen ist angesagt, und zwar in vielerlei Hinsicht:

– In Bezug auf den *Mund*, um »Gesicht zu zeigen«, Freundlichkeit zu vermitteln, das rechte Wort zur rechten Zeit zu sagen

– die *Ohren*, um auch die leisen Stimmen wahrzunehmen, immer beide Seiten zu hören, um gerecht urteilen und in Beziehung bleiben zu können

– die *Hände*, die zur Faust geballt oder verkrampft sind zu lösen, gewaltfrei und freigiebig zu werden in jeder Hinsicht und Beziehung

– mit den *Augen* das Wesentliche suchen, das Unsichtbare nicht verleugnen, Projektionen zurücknehmen

– die *Grenzen*, die oft nur in unseren Köpfen existieren, auszuweiten, bzw. ganz still zu legen

– die *Arme* auszubreiten und unser Gegenüber »von Herzen« zu umarmen

– alle Körperöffnungen (einschließlich der Poren als «Wege« durch die Haut) durchlässig zu halten und abzugeben, was nicht mehr (auch geistig) nährt

– das *Herz* nicht zu verhärten oder einzuengen, um zu lieben, Schuld zu vergeben, Kränkungen und Sorgen loszulassen

– die *Gräber* zu ›öffnen‹, um die Toten aus unseren steinbeschwerten Gedankengrüften herauszurufen und ins himmlische Vaterhaus ›weggehen‹ zulassen (Joh 11,44)

– die *Hölle* als schlechten Kinderschreck verlachen, weil das Böse keinen Bestand mehr haben kann, wenn »Gott alles in Allem« ist (1 Kor 15,28) (18 f.).

Im Buch wird einer der Schwerpunkte der Forschung von Peter Trummer deutlich: Fragen zu Abendmahl und Eucharistie. – Was bedeutet es, wenn ausgerechnet der Theologe Johannes von einer Feier der Eucharistie nicht berichtet und stattdessen die Fußwaschung als Dienst der Liebe in sein Programm schreibt. Gleichwohl hat der Bericht über das Weinwunder und die Mahnung Jesu zur Einheit der Kirche (Joh 17) unser Abendmahlsverständnis geprägt. (Zum Symbol Wein siehe: P. Trummer: »Ich bin das Licht der Welt«. Meditationen zu biblischen Ich-bin-Worten. Herder 2018.)

Der Historiker Lukas scheint nur den Brotritus zu kennen. Die Emmauserzählung (Lk 24) kann schon daher nicht als erste »Messfeier« verstanden werden.

Paulus war mit der Tradition der Abendmahlsfeier vertraut. Vor dem großen Schiffbruch feiert er mit allen Anwesenden. Das Schiff geht zwar unter, aber die Mannschaft wird gerettet. Abendmahl also keine Frage der Kirchenzugehörigkeit ..., sondern der Universalität und Agape. Schon von der Taufe schreibt Paulus: Ihr seid der Leib Christi!

Bis ins 6. Jahrhundert gibt es keine Darstellungen des Abendmahls. Bis in unsere Zeit spielt der Kelch in der Römisch-katholischen Kirche eine untergeordnete Rolle (Stichwort Laienkelch). Die Feier des Geheimnisses von Brot und Wein hat eine doppelte Bedeutung: Die Nähe und Gegenwart Jesu Christi und die »Wandlung« der Gläubigen, in der Ostern als Aufstand erfahrbar wird. (Vgl. Peter Trummer, Auferstehung jetzt – Ostern als Aufstand. Theologische Provokationen, Neuauflage 2016, Herder 2023.)

Insgesamt bietet das Buch zahlreiche Ansätze für Reformen und Erneuerung der Kirche(n).

Unter ›KULTUM Graz‹ finden sich im Internet lyrische und musikalische Beiträge rund um den Autor.

Christoph Petau

Grün, Anselm, u. Christiane Sartorius: Dem Himmel zur Ehre - den Menschen zum Zeichen. Menschliches Reifen im Ordensleben. Freiburg i. Br.: Herder 2001. 159 S. ISBN: 9783451275968.

Es gibt viele Autoren, die sich mit dem Thema menschlicher Reife im geistlichen Kontext beschäftigen. Die meisten Autoren betrachten den Aspekt der Reifung als persönliches Werden im jeweils individuellen Lebenskontext und vielleicht auch in der Beziehung zu Gott. Das Autorenduo des Benediktiners Anselm Grün und der Dominikanerin und Gestalttherapeutin Christiane Sartorius aber richtet den Blick auf Menschen, die sich einer Ordensgemeinschaft verpflichtet haben. Der Blick weitet sich so auf die Wechselwirkung des Individuums mit dem Kollektiv der Ordensgemeinschaft bis hin zur Frage, was nicht nur eine gereifte Person ausmacht, sondern auch welche Qualitäten eine gereifte Ordensgemeinschaft auszeichnet. Viele der beschriebenen Wahrnehmungen und Erkenntnisse finden sich in allen verbindlichen religiösen Gemeinschaften, also auch Kommunitäten, Tertiarorden oder Geschwisterschaften.

Zu Beginn gibt das Autorenduo einen kurzen Überblick über die verschiedenen psychologischen Schulen und deren jeweilige Definition von Reife; von Sigmund Freud über Alfred Adler, die humanistische Psychologie, CG Jung, Erik H. Erikson, Gestalttherapie, die initiatische Therapie nach Graf Dürckheim, Abraham Maslov bis zu Roberto Assagiolo – jeder bringt hier einen anderen Blickwinkel ein. Weiter beschreiben sie die verschiedenen Menschenbilder und Konzepte der Reifung bei Augustinus, Dominikus, Ignatius von Loyola, oder Mary Ward. Benedikt von

Nursia etwa benennt drei Eigenschaften: Eifer für den Gottesdienst (Emotionsfähigkeit), Einlassen auf die Gemeinschaft (Beziehungsfähigkeit) und sich von der Arbeit fordern zu lassen (Leistungsfähigkeit).

Welche Aspekte bringt nun das Autorenduo ein? Das Autorenduo spannt den Bogen weit, vom Individuum über Gott bis zur Gemeinschaft. Zuerst benennen sie einige Stationen auf dem persönlichen Weg: von der ehrlichen Selbstbegegnung, sich dann in Demut den eigenen Schatten stellen bis hin dazu, sich mit den Wunden der Vergangenheit auszusöhnen. Reifung in der Beziehung zu Gott bedeutet, sich von krank machenden Gottesbildern zu lösen und gewahr zu werden, dass Frömmigkeit auch Reifung verhindern kann, denn moralisierende Frömmigkeit verdrängt Aggressionen, welche aber notwendig sind um das Verhältnis von Nähe und Distanz zu regeln. In der Fallgrube der Frömmigkeit findet sich dann der langweilige kreuzbrave Ordenschrist, der von den Untiefen seines Ichs in ein überhöhtes Ordensideal flüchtet. Notwendig, so die Autoren, ist hier eine persönliche Auseinandersetzung mit der eigenen Ordenstradition, statt diese fraglos zu kopieren und sich unter Aufgabe der eigenen Persönlichkeit dem vermeintlichen Ideal anzupassen.

Reifetugenden einer Gemeinschaft werden etwa dann sichtbar, wenn sich die Mitglieder über persönliche Lebenssituationen samt der Krisen austauschen oder dem Einzelnen spiegeln, ob er im Namen Gottes für die Gemeinschaft wirkt oder nur dem eigenen Egoismus dient. Eine Ordensgemeinschaft soll kein Fanclub in Hochstimmung sein, sondern eine Lebensschule. Diese holt den Einzelnen bei Selbstüberhöhung auf den Boden der Tatsachen zurück, zeigt ihm seine Grenzen und seine Schatten auf, und die Enttäuschung über die Unzulänglichkeit der realen Gemeinschaft kann helfen, sich tatsächlich auf diese Gemeinschaft einzulassen und in ihr Verantwortung zu übernehmen. Ein weiterer Dienst einer Ordensgemeinschaft ist es, gemeinsam auf dem Weg zu sein, lebendig zu bleiben, wachsam für die Fragen der Zeit zu sein, den Mut zu haben, das eigene vertraute Werk in Frage zu stellen und zu wissen, was sich wandeln sollte.

Der Verdienst des Autorenduos ist es, dass sie in gut lesbaren 159 Seiten die Wechselwirkung zwischen der persönlichen geistlichen Lebensgestalt und die der Gemeinschaft aufzeigen. Das Thema ist zeitlos, daher ist das Buch aus dem Herder Verlag lesenswert, auch wenn es nur noch antiquarisch erhältlich ist.

Christian Schmidt

Marx, Reinhard: Kult. Warum die Zukunft des Christentums uns alle betrifft. München, Kösel 2025. 171 S. Geb. Eur 20,00. ISBN 9783466373390.

Das neue Buch von Kardinal Marx beginnt mit einer kurzen Analyse der Situation von Kirche und Gesellschaft und »soll auch ein gewisser Weckruf sein, denn es ist [...] klar, dass sich mit dem Verschwinden der Religionen, mit der nachlassenden Kraft insbesondere des Christentums ein Einschnitt vollzieht, der tiefgreifende Folgen hat«. (12) Wie sieht es nun mit dem Christentum aus, was ist sein Wesenskern und welche Rolle spielt es im Zusammenwirken der Gesellschaft?

Marx geht von einem zentralen Grundsatz aus: »Das Wesen des Christentums ist das Christusereignis, das sichtbar wird in der kirchlichen Feier von Tod und Auferstehung Jesu von Nazareth. Christentum und Kult gehören aufs Engste zusammen«. (16) Der Kern des Christentums ereignet sich in der gottesdienstlichen Feier, hier geschieht die Begegnung mit Gott im Glauben. Hier kommt Gott auf den Menschen zu und wird erfahrbar. Im Kult erkennt Marx das Herzelement des Christentums und formuliert entsprechend: »Ohne die Feier der Eucharistie, in der eine neue Realität bezeugt und erfahren wird, kann die Kirche nicht bestehen«. (18) – Es wäre hohe Zeit, diesen Satz auch in der evangelischen Kirche neu zu bedenken.

Es findet indes keine einseitige Betrachtung von Gottesdienst und Liturgie statt. Marx beschreibt die Eucharistie auch als Quelle der Soziallehre, wenn aus Höhepunkt und Quelle des christlichen Lebens in der Eucharistie die Folgerungen für das gemeinsame Leben der Christen und das Zeugnis der Kirche gezogen werden. Hier sei an das Wort Wilhelm Löhes erinnert: »Alle Diakonie geht vom Altar aus«.

In Säkularisierung und Individualisierung, die die Kirche in Frage stellen, sieht Marx eine Herausforderung für eine Erneuerung des Christentums. Hat auch der Missbrauchsskandal tiefe Wunden hinterlassen, bleibt doch das Bedürfnis nach Religion, das im Menschen angelegt ist, was auch in der Diskussion mit den Thesen von Habermas, Adorno und Sloterdijk festgehalten wird. Es erscheint ein Rückgang der kirchlichen (Mitglieder-)Zahlen bei bleibender gesellschaftlicher Bedeutung der Kirche.

Die Kirche heute braucht eine Synodalität, die sie in den Kontext der Zeitgenossenschaft einfügt. Dazu gehört auch das ökumenische Gespräch zu den bedrängenden Fragen unserer Zeit. Abschottung wäre der falsche Weg, die Errungenschaften des Vaticanum II erscheinen in diesem Zusammenhang noch immer als eine Aufgabe. Die Einsicht aus schmerzlichen Lernprozessen fordert eine neue Evangelisierung der Kirche, um das Evangelium in die Zukunft zu bringen. Dabei ist das Selbstbewusstsein nicht aus der zahlenmäßigen Stärke abzuleiten, sondern muss an das Evangelium selbst gebunden werden. In der Eucharistie als Gegenwärtigkeit und jeweils neue Realisierung des Christus-Ereignisses wird ein Fest gefeiert, das Konsequenzen hat, die sich auf die Veränderung der Welt ausrichten.

»Liturgie und Gottesdienst brauchen eine Form, die von allen verstanden und akzeptiert werden kann. Gerade die Wiederholung und das Sich-Verlassen-Können auf bestimmte Abläufe, Rituale, Formeln ermöglichen Freiräume und Vielfalt.« (59) Darum ist die Erneuerung der Liturgie ein wesentlicher Aspekt für die Zukunft des Christentums. »Wir feiern als Glaubensgemeinschaft nicht deshalb Gottesdienst, weil Gott das bräuchte, sondern weil wir das zum leben brauchen! Ohne die Sehnsucht nach dem offenen Himmel können wir uns die Erde nicht wünschen. Denn das hieße für mich, ohne Hoffnung zu leben.« (61) Darum darf die Kirche nicht auf einen rein soziologischen Begriff reduziert werden, sondern muss als Ort der Versöhnung, der Gemeinschaft und der Inkarnation Gottes gesehen werden. Dazu braucht es auch den Sonntagsschutz, die Unterbrechung der Logik des Marktes und »Widerstand gegen eine [...] Ökonomisierung aller Lebensbereiche und gegen eine Funktionalisierung des Menschen«. (76) Dabei bleibt die Kultgemeinschaft eine sich stetig verändernde Gemeinschaft im Kontext von Zeit und Raum, die aus der Feier der Eucharistie lebt und für Stille und Transzendenz offen ist. »Anliegen des christlichen Kultes ist es, die Einheit der ganzen Menschheitsfamilie zu bewirken, ebenso wie die Einheit allen Lebens im gemeinsamen Haus der Schöpfung.« (97) Damit spielen Ästhetik und Kunst eine nicht geringe Rolle.

»Die eigentliche Existenzkrise der Kirche ist das Auseinanderfallen von Kultgemeinschaft und Kirchengemeinschaft.« (110) Wer aus der Kirche austritt, hat meist schon lange zuvor die Gemeinschaft der Gottesdienste verlassen. Die Kirche als sakramentale Gemeinschaft ist Zeichen des Reiches Gottes inmitten der Welt, als Zeichen der wirkmächtigen Hoffnung in der Geschichte der Menschheit. Gottesdienstliche Feier ist dabei kein Objekt der Beliebigkeit. »In dieser Gemeinschaft wird auf hohem Niveau der christliche Glaube lebendig, authentisch verkündet und kultisch gefeiert; hier arbeiten und engagieren sich Menschen, die gläubig und kompetent sind.« (119) Hier werden alle zu tätig Teilnehmenden. Dabei bleibt die Pfarrei vor Ort von hoher Bedeutung, hier lebt die Kirche. Dabei spricht sich Marx für eine Öffnung für Frauen im geistlichen Amt und eine Diskussion um das Zölibat aus. Ämterfrage und Episkopé müssen betrachtet werden. In der Pfarrei als Kirche vor Ort ist verantwortliche Freiheit in demokratischer Weite exemplarisch zu leben. So hat Christentum und Kirche Zukunft und Leben, wenn sie aus dem Herz der Eucharistie heraus lebt.

Dem Buch von Kardinal Marx ist eine große Leserschaft auch in der evangelischen Christenheit zu wünschen.

Heiko Wulfert

Kasper, Walter: Der Wahrheit auf der Spur. Mein Weg in Kirche und Theologie. Freiburg i. Br.: Herder 2025. 197 S. Geb. Eur 24,00. ISBN 9783451025037.

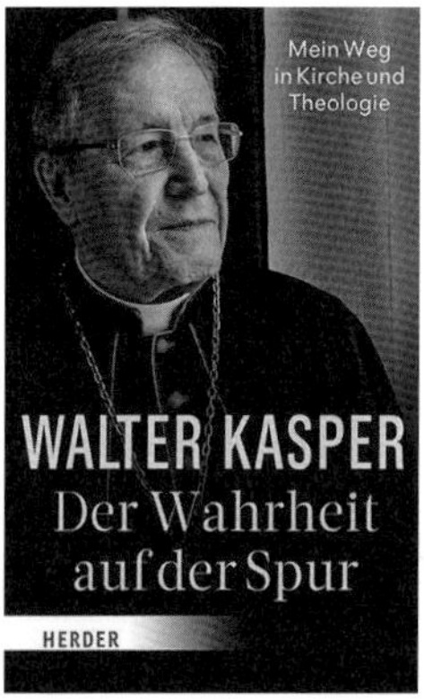

Zu Beginn seines 90. Lebensjahres gibt Kardinal Kasper als Zeitzeuge einen Rückblick auf sein bewegtes Leben. Doch es ist keine Autobiographie im engeren Sinne oder eine bloße Erzählung von Begegnungen. Kasper gibt einen Einblick in die Entwicklung seines Denkens und seiner Theologie in den vielfältigen Begegnungen seines Lebensweges. Es gilt: »Theologie ist nur in Zeitgenossenschaft möglich«. (13)

Kaspers Weg beginnt im schwäbischen Volkskatholizismus in der Zeit von Nationalsozialismus und Zweitem Weltkrieg. Die Gymnasialzeit im Stift Ehingen, die Erfahrungen mit der katholischen Jugend im Bund Neudeutschland und eine erste Romfahrt verbinden sich mit der Entscheidung für das Priesteramt. Im beginnenden Studium in Tübingen erlebt er eine katholische Minderheit in einem protestantisch geprägten Milieu. Die katholische Tübinger Schule wird zunächst bestimmend für den weiteren Weg, Thomas und die neuere Thomasrezeption werden zum Referenzpunkt des philosophischen und theologischen Denkens. Im Zentrum des Interesses stand für ihn die systematische Theologie in einer »Dialektik geschichtlicher Konkretion, d. h. der geschichtlichen Näherbestimmung der in vielerlei Hinsicht offenen biblischen Botschaft«. (37) Es folgt eine Zeit als Vikar in Stuttgart und Repetent in Tübingen.

In dieser Zeit, die vom Zweiten Vaticanum geprägt ist, geht es bei Kasper um die Findung des eigenen theologischen Weges. Bewegende Themen sind die Beziehung von Schrift und Tradition, Evangelium und Dogma. Im Anschluss an Hegel formuliert Kasper: »Die Dogmenentwicklung geschieht durch geschichtliche Konkretion«. (51) Auch in den Schwierigkeiten der Ontologie erscheint Thomas als Wegweiser. Für den weiteren Weg hält Kasper fest: »Das in der Kirche bezeugte, geglaubte, gelebte Evangelium

Jesu Christi sollte als Weg erschlossen werden. Doch die Zeit nach dem Zweiten Vatikanischen war [...] eine wirre Zeit, in der man als junger Theologe seinen Platz erst finden musste«. (59)

Kasper zeichnet ein lebendiges Bild der nachkonziliaren Auseinandersetzungen, in denen Neuaufbruch und Gegenwirkungen aufeinander treffen. Geistliche Gemeinschaften stehen für spirituellen Aufbruch, neue theologische Wege zeichnen sich im Nebeneinander der Namen von Joseph Ratzinger, Johann Baptist Metz, Leonardo Boff ab. Kaspers eigene wichtige Beiträge, seine Bücher »Jesus der Christus« (1974) und »Der Gott Jesu Christi« (1982) stellen Christus ins Zentrum, entwickeln eine Christologie der Inkarnation und der Kreuzesnachfolge und eine pneumatische Ekklesiologie, bringen Gotteserfahrung und Lebenserfahrung im trinitarischen Glauben zusammen: »Gott ist Feuer der Liebe, das in drei Feuerzungen der Liebe auflodert«. (98)

Obwohl der Weg ins Priesteramt geplant war, ging es für Kasper ins theologische Lehramt, das ihn durch Vortrags- und Dienstreisen in viele Länder führte und mit vielen Menschen verband. Indien und Taiwan, Korea, China, Afrika und Südamerika waren Stationen. Es gab wichtige Begegnungen in den USA, im Ostblock, im Vorderen Orient und in Jerusalem.

Als Bischof von Rottenburg öffnete sich für Kasper ein neuer wichtiger Tätigkeitsbereich. »Nicht der Schreibtisch, vielmehr die Kanzel und der Altar, ist der wichtigste Arbeitsplatz des Bischofs.« (112) Mit Augustin – und nun auch mit Papst Leo XIV. – stellt Kasper seinem Bischofsamt voran: Für euch bin ich Bischof, mit euch bin ich Christ. Zeitweilig fühlt er sich als Steuermann im Sturm, ist viel in seiner Diözese unterwegs und verbindet Veraltung und Seelsorge. Schon früh bemüht er sich darum, den Frauen im Bistum eine Stimme zu geben: »Die Öffnung des ständigen Diakonats für Frauen wäre nach meiner persönlichen Meinung ein theologisch möglicher und pastoral sinnvoller Schritt«. (119) Die theologische Arbeit, besonders am LThK, wird fortgesetzt. Die ökumenischen Bemühungen laufen erfolgreich auf die gemeinsame Erklärung zur Rechtfertigungslehre zu.

Die Berufung als Kardinal nach Rom und der Auftrag zur Leitung des Sekretariates für die Einheit der Christen passen zum Lebensweg und den Anliegen des Ökumenikers. Das Streben nach der Einheit der Christen entspricht für ihn dem Willen Christi, doch »Einheit der Kirche bedeutet keine Einheitskirche«. (129) Ökumene ist Beziehungsarbeit und Kasper beschreibt lebendig die Begegnungen mit orientalisch-orthodoxen, byzantinisch-orthodoxen, russisch-orthodoxen Christen und mit den Protestanten, Lutheranern, Reformierten, Freikirchen, Anglikanern.

Kasper verbindet Einheit und Vielfalt in dem Entwurf einer versöhnten Einheit. Ein eigenes Kapitel ist dem religiösen Dialog mit den Juden gewidmet, der Kasper am Herzen liegt.

Die intensive ökumenische Arbeit in Treue zur eigenen Kirche und Offenheit für die weltweite Christenheit prägt Kaspers Ekklesiologie. Die Kirche, wie sie ihm begegnet, beschreibt er als »eine vom Heiligen Geist geleitete lebendige Wirklichkeit, die an Haupt und Gliedern der Erneuerung bedarf«. (154) Sie ist eine geistliche Gemeinschaft, die in der Eucharistie Anteil am Heiligen hat. »Dass die Kirche in viele Kirchen und kirchliche Gemeinschaften gespalten ist, ist ein Skandal, der uns vor der Welt unglaubwürdig macht. Doch Einheit ist von Einheitlichkeit zu unterscheiden.« (158) Kasper hofft auf eine Verwirklichung und Fortentwicklung des Prinzips der Synodalität, auf eine Kirche, die nach dem Vorbild der Maria den Weg der Barmherzigkeit Gottes geht.

Für den Weg der Kirche in die Zukunft betont Kasper die Bedeutung einer Besinnung auf die Fundamente des Christseins, sieht die Notwendigkeit einer Evangelisierung, in der die Kirche dem Evangelium gehorsam und selbst zur Freudenbotin an der Welt wird. Zu diesem Zeugendienst gehört die Übung dienender Liebe und der Wille zur Mission. Eine nötige Reform müsse das Verhältnis von Klerus und Laien neu bestimmen und die Stellung der Frau in der Kirche verändern. »Ohne Umkehr, Gebet und Buße haben alle noch so gut gemeinten Reformen keine Zukunft.« (177) Auf diesem Weg sieht Kasper eine Zukunft, die von Gott her in der Kraft der Auferstehung auf die Kirche zukommt. Das gibt Grund zur Hoffnung.

Heiko Wulfert

Adressen

der Mitarbeiterinnen und Mitarbeiter:

Dr. Sabine Bayreuther, Paulstr. 2, 69469 Weinheim, sabine.bayreuther@kbz.ekiba.de • Karl Flückiger, Neeserweg 10, CH – 8048 Zürich, Karl.flückiger@gmail.com • Dr. Samuel Jakob, Haldenstr. 132, CH – 5728 Gontenschwil, samel.jakob@bluewin.ch • Ulrich Koring, Jägerhausstr. 34/1, 74074 Heilbronn, ulrich-i.koring@gmx.de • Reto Müller, Perfidenstr. 15, H – 6432 Rickenbach b. Schwyz SZ, rm.sz.ch@gmail.com • Josef Natrup, Sudetenstr. 6, 34317 Habichtswald-Ehlen, josef.Natrup@gmx.de • Christoph Petau, Großgrabenweg 6, A – 8010 Graz, christoph.peta@emk.at • Dietlind Schaale, Raistinger Str. 2/2, 71083 Herrenberg, schaaled@t-online.de • Christian Schmidt, Deutz-Mülheimer Str. 262b, 51063 Köln, Christan.Schmidt@michaelsbruderschaft.de • Dr. Heiko Wulfert, Panröder Str. 40, 65558 Burgschwalbach, hwulfert@gmx.net • Walter Wickihalder, Ruediweg 24, CH 8404 Winterthur, w.wickihalder@bluewin.ch • Manuel Zahn, Wildbader Str. 3, 75335 Dobel, manuel.zahn@zahns.net.

Das Thema des nächsten Heftes wird »Priesterliches Leben« sein.

Quatember
Vierteljahreshefte für Erneuerung und Einheit der Kirche
Herausgegeben von
Sabine Bayreuther, Matthias Gössling und Roger Mielke
im Auftrag der Evangelischen Michaelsbruderschaft, des Berneuchener Dienstes und der Gemeinschaft St. Michael
Schriftleitung
Heiko Wulfert
Manuskripte bitte an:
Heiko Wulfert · Panröder Straße 40 · D-65558 Burgschwalbach,
Telefon (0 64 30) 9 25 53 70, (01 51) 55 58 24 44 · hwulfert@gmx.net
Edition Stauda
Evangelische Verlagsanstalt GmbH, Leipzig
89. Jahrgang 2025, Heft 3

Bestellungen

Mitglieder der Evangelischen Michaelsbruderschaft, der Gemeinschaft St. Michael sowie des Berneuchener Dienstes richten ihre Bestellungen ebenso wie alle Änderungen nur an ihre jeweilige Gemeinschaft.
Nichtmitglieder richten ihre Bestellungen ebenso wie alle Änderungen nur an den Bestellservice oder an den Buch- und Zeitschriftenhandel. Abos können zum Jahresende mit einer Frist von einem Monat beim Bestellservice gekündigt werden.

Vertrieb: Evangelische Verlagsanstalt GmbH · Blumenstraße 76 · 04155 Leipzig

Bestellservice: Leipziger Kommissions- und Großbuchhandelsgesellschaft (LKG) · An der Südspitze 1–12 · 04579 Espenhain
Tel. +49 34206 65235 · Fax +49 34206 65110
E-Mail: KS-team04@lkg.eu

Preis inkl. MwSt. zzgl. Versandkosten: Einzelheft: EUR 12,00, Fortsetzungsbezug möglich. Die Fortsetzung läuft immer unbefristet, ist aber jederzeit kündbar.

Covergestaltung: Kai-Michael Gustmann, Leipzig
Satz: druckhaus köthen GmbH & Co. KG, Köthen
Druck: MUNDSCHENK Druck + Medien, Lutherstadt Wittenberg

ISSN 0341-9494
ISBN Print 978-3-374-07856-1 · eISBN (PDF) 978-3-374-07857-8

www.eva-leipzig.de